Von der Idee zum Sachbuch

So schreibst Du ein Sachbuch, das Leser*innen lieben werden

Anja Niekerken

Von der Idee zum Sachbuch

So schreibst Du ein richtig gutes Sachbuch, das Deine Leser*innen lieben werden

Anja Niekerken

INHALT

Für alle, die schon immer
ein Buch schreiben wollten

ÜBER DIE AUTORIN

Anja Niekerken ist ein Gewächs des Nordens: sabbeln ohne Punkt und Komma über Dinge, die sie fesseln und begeistern, darüber schreiben oder einfach mal die Klappe halten und fasziniert zuhören: Das liebt die in Hamburgs Süden lebende Mittfünfzigerin.

Riesig freut sie sich über Rückmeldungen unter fragen@anjaniekerken.de und jede Rezension bei Amazon.

Zum Bücherschreiben ist das 1970 geborene Nordlicht erst mit Ende 40 gekommen. Dafür ist sie seitdem aber hyperaktiv und hat seit 2018, dieses Werk eingeschlossen, bereits 10 Bücher veröffentlicht, davon 1 Amazon-Bestseller (Stand September 2022). Unter anderem schreibt sie für den Droemer Knaur Verlag – einem der größten Verlage Deutschlands sowie für den renommierten Springer Gabler Verlag. Ihre Lieblingsthemen sind, abgesehen vom Schreiben, alle Facetten der Kommunikation und wie die graue Masse zwischen den menschlichen Ohren tatsächlich funktioniert. 2020 hat sie neben dem Coaching und den Seminaren für Führungskräfte die Schreibakademie gegründet und hat unbändigen Spaß daran, ihre Leidenschaft mit anderen zu teilen.

Denn Schreiben, so ihr Credo, kann wirklich jede/jeder. Es ist ein Handwerk. Und ein Handwerk kann man lernen. Darüber hinaus ist sie seit 2020 Host des „Erfolgreich schreiben"-Podcasts, in dem sie selbst Schreibtipps gibt, aber auch mit Größen wie Sebastian Fitzek, Nicole Staudinger, Monika Bittl und Andreas Föhr über das Schreiben plaudert. Anja ist begeisterte Mutter eines erwachsenen Sohnes, passionierte Leserin, ambitionierte Vortragsrednerin, engagierte Hundetante, Dienerin eines ordinären Hauskaters und praktizierende Ehefrau.

Den „Erfolgreich schreiben"-Podcast hörst Du auf Spotify, iTunes, Deezer und Amazon Podcasts.

Übrigens: das Mini-Buch "Wie man neue Leser*innen gewinnt" kannst Du Dir zusätzlich für 0,- Euro hier downloaden:

https://www.anjaniekerken.de/kostenloses-buch-wie-man-neue-leserinnen-gewinnt/

VORWORT

Warum dieses Buch?

Warum ein Sachbuch über das Schreiben von Sachbüchern schreiben? Gibt's da nicht schon ganz viel im Internet?

Die zweite Frage kann ich klar mit „Ja, gibt es" beantworten. Es gibt auch viele Kurse dazu. Und jetzt kommt die Antwort auf die erste Frage: „Aber keine von erfolgreichen Sachbuchautor*innen, die ihre Bücher selbst schreiben." Und mal abgesehen davon, VW, BMW oder Opel hören ja auch nicht auf Autos zu bauen, nur weil es schon welche gibt. Man kann es immer noch besser machen. So weit so größenwahnsinnig ;) Aber im Ernst: Ich bin in den letzten Jahren einfach wahnsinnig oft gefragt worden, wie man das denn macht mit dem Schreiben. Wie geht man ein Buch an? Wie findet man einen Verlag? Was, wenn man keinen Verlag findet? Was tun, wenn einem nix mehr einfällt? Fragen über Fragen, die mir auf meinem Weg als Autorin alle selbst begegnet sind – manche so massiv, dass ich daran fast verzweifelt bin, manche subtil und unauffällig, aber immer mit am Start ...

Und da ich zu den Autor*innen gehöre, aus denen fast täglich seitenweise Geschriebenes herauspurzelt und mein Verlag – der Droemer Knaur Verlag – mir geraten hat, nur einmal pro Jahr ein humorvolles Sachbuch zu veröffentlichen, ist mir zwischendurch einfach langweilig. Außerdem quält es mich, keine Inhalte in die Tasten zu klöppeln. Warum also nicht meine Erfahrungen weitergeben? Vieles von dem, was Du in diesem Buch finden wirst, hätte ich mir gewünscht gleich am Anfang zu wissen. Ich bin zu Beginn meiner Autor*innenkarriere an viele Wände gelaufen. Obwohl ich ja gar nicht vorhatte, Autorin zu werden. Ich wollte „nur" ein Buch schreiben, um meine Expertise zu pushen und das Buch als Marketinginstrument für meine Trainertätigkeit zu nutzen. Das hat mit meinen ersten Büchern im Self-Publishing und mit „Montags muss ich immer kotzen", meinem ersten Buch im Verlag, auch wunderbar geklappt. Dass dann daraus noch viel mehr wurde, damit hätte ich so nicht gerechnet. Ich verdiene immer noch einen großen Teil meines Einkommens mit maßgeschneiderten Vorträgen und Trainings für Unternehmen, aber das Verhältnis verschiebt sich immer mehr in Richtung meiner Autorentätigkeit, wobei hier natürlich auch meine Leseprogramme und Vorträge dazu zählen. Das ist aber nicht Inhalt dieses Buches. Hier soll es darum gehen, wie Du Dein Buch im Verlag platzierst und es der Öffentlichkeit bekannt machst, um Deine Expertise in die Welt zu tragen.

Ein eigenes Buch ist einfach Gold wert, um die eigene Expertise und/oder das eigene Herzensthema nach draußen zu tragen. Es bringt ja nichts, wenn Du Dein Thema in- und auswendig kennst, sonst aber niemand etwas davon hat oder daraus lernen kann. Es gibt so viele Geschichten und Erfahrungen, von denen kein Mensch etwas lernen kann, dass es fast schon einer Tragödie gleichkommt. Stell Dir mal vor, alle Menschen wüssten, was Du weißt und könnten davon lernen. Das wäre doch großartig! Ein Buch kann das zwar nicht leisten, ist aber ein Schritt in die richtige Richtung. Denn so ist das Angebot zumindest schon einmal da.

In diesem Buch habe ich Dir einen ersten Überblick zusammengestellt, wie Du Deine Ideen in ein erfolgreiches Sachbuch klöppeln kannst. Beim Schreiben des Buches ist mir dann aufgefallen, dass viele Bereiche so umfangreich sind, dass sie dieses Buch locker gesprengt hätten. Aber keine Sorge, der Überblick, mit dem Du starten kannst, ist drin – und für die Bereiche, die eine tiefere Beleuchtung benötigen, wird es weitere Bücher und Kurse von mir geben. Auch dieses Buch ist als Onlinekurs erhältlich. Alle Kurse und Bücher findest Du auf www.anjaniekerken.de. Es lohnt sich übrigens öfter reinzuschauen, denn mein Kopf quillt über vor Ideen, die alle noch umgesetzt werden wollen. Schreib mir auch gern unter ideen@anjaniekerken.de, welchen Kurs Du für Dich brauchst. Ich bin für jede Anregung dankbar.

IDEE UND ZWEIFEL

Am Anfang war das Wort ... So oder so ähnlich steht es in der Bibel. Aber wenn ich es mir recht überlege, kann das nicht sein, oder? Am Anfang muss Gott doch die Idee zum Wort gehabt haben, oder nicht? Nicht ganz. Denn tatsächlich steht es wie folgt in der Bibel:

„Im Anfang war das Wort und das Wort war bei Gott und das Wort war Gott. Dieses war im Anfang bei Gott. Alles ist durch das Wort geworden und ohne es wurde nichts, was geworden ist. In ihm war Leben und das Leben war das Licht der Menschen. Und das Licht leuchtet in der Finsternis und die Finsternis hat es nicht erfasst.“[1]

Ein Anfang, den wir nicht so einfach trennen können. Für gläubige Christen stellt sich auch die Frage gar nicht. Für Atheisten schon ... Darum soll es aber in diesem Beispiel gar nicht gehen. Es geht um die Idee! Und in diesem Beispiel wird für mich sehr schnell deutlich, wie schnell eine Idee in nur einem Absatz transportiert werden kann. Denn genau das ist der Punkt. Der Punkt ist nicht, eine gute Idee zu haben. Der Punkt ist, sie auf den Punkt zu bringen.

[1]https://www.die-bibel.de/bibeln/online-bibeln/einheitsuebersetzung/bibeltext/bibel/text/lesen/ stelle/53/10001/19999/?no_cache=1&cHash=003f7c06f06e5833bb62ceed6170dd9b.

Wenn Du dieses Buch liest, dann wirst Du vermutlich schon eine Idee für ein Buch haben. Ob es ein Sachbuch sein wird, ist vielleicht noch nicht so klar. Vielleicht interessierst Du Dich aber auch „nur“ für das Schreiben an sich und hast einfach Spaß daran, aber tatsächlich noch keine Idee ... Daher wird es in diesem Kapitel zunächst einmal darum gehen, Ideen zu erkennen und zu entwickeln. Für mich ist vor allem wichtig, eine Idee zu erkennen. Ich bin fest davon überzeugt, dass jeder Mensch mindestens einmal in seinem Leben eine gute Idee zu einem wirklich guten Buch hatte. Die Frage ist: Warum wurde kein Buch daraus?

Die Gründe hierzu sind vielfältig, aber einer davon ist, dass die Idee nicht als solche erkannt wurde. Schlimmer noch, da draußen laufen Menschen herum, die ernsthaft glauben, sie seien nicht kreativ ... Auch das ist ein Trugschluss, denn jeder Mensch ist grundsätzlich kreativ! Dazu später mehr. Bleiben wir bei der Idee. Was ist überhaupt eine Idee?

Nehmen wir das zuerst genannte Beispiel aus der Bibel: „Im Anfang war das Wort und das Wort war bei Gott und das Wort war Gott.“ Was ist die Idee? Für mich, und das ist wichtig, da es sich hier ausschließlich um meine Interpretation handelt, ist die Idee, dass Gott alles ist. Denn ohne Worte können wir uns nicht ausdrücken, können wir nicht einmal denken. Worte sind das Fundament unseres Denksystems, welches über die Worte direkt mit Gott verknüpft ist ... Eine geniale Idee!

Eine weitere geniale Idee, aber aus einer vollkommen anderen Ecke, ist „Am Arsch vorbei geht auch ein Weg" – der Sachbuch-Bestseller von Alexandra Reinwarth. Die Idee ist schon im Titel ziemlich gut auf den Punkt gebracht, was sie zusätzlich von der Bibel abhebt (sorry, der musste raus). Mit dem Untertitel wird dann der Sack zugemacht: „Wie sich dein Leben verbessert, wenn du dich endlich locker machst". Reinwarth greift damit ein Problem auf, welches uns allen im Alltag immer wieder begegnet: Wir machen Sachen, auf die wir keinen Bock haben, mit oder für Menschen, die wir nicht mögen ... Wir sind sozial versklavt und finden irgendwie den Weg nicht aus diesem Dilemma. Auf den Punkt gebracht ist die Idee, wie wir es schaffen, „Nein" zu sagen. Ein Thema, welches uns, wenn wir mal ganz ehrlich sind, immer wieder begegnet. Selbst, wenn wir sozial im Grunde recht unabhängig sind. Ich weiß gar nicht, wie oft ich schon „Ja" gesagt habe und im nächsten Moment dachte: „Fuck ... Da hab ich weder Zeit noch Lust zu ..."

Die Verkaufszahlen und der Rang in der SPIEGEL-Bestsellerliste zeigen: Die Idee war super. Obwohl sie nicht einzigartig war. Gibt man bei Amazon „Nein sagen" in der Kategorie „Bücher" ein, bekommt man weit über 1.000 Suchergebnisse vorgeschlagen. Bei den Suchworten „Religion" oder „Bibel" liegen die Suchergebnisse sogar im oberen fünfstelligen Bereich ... Ja, ich weiß, der Religions- und Bibelvergleich ist vielleicht etwas weit hergeholt, aber es geht darum, eine Tatsache im Buchbusiness eindrücklich zu verdeutlichen: Es gibt keine Idee, die nicht schon einmal umgesetzt wurde.

Der Zwang zur Einzigartigkeit ist Bullshit!

Und damit sind wir schon bei einer der größten Schreibhürden, die es gibt. Der Zwang zur Einzigartigkeit. Ich kenne diesen Zwang sehr gut und er begegnet mir immer wieder, obwohl ich ihn längst abgelegt habe. Und zwar in Form von Freunden, Kollegen und ggf. sogar Lektoren oder Journalisten, die mir erzählen, dass es das ja alles schon gibt. Vielleicht sogar in besserer Form und Qualität als das, was ich da abliefere. Das mag sein. Aber wer beurteilt das denn? Am Ende doch der Leser. Und auch hier gibt es wieder die, denen es gefällt, und die, denen es eben nicht gefällt. Im Grunde ist es wie im Leben: Es kann Dich halt nicht jeder mögen. Es gibt sogar Menschen, die finden Harry Potter doof ;) Und Bücher über Zauberer gab es auch schon vor Harry Potter ... Es ist eine Frage der Umsetzung!

Mein Buch „Die Kunst, kein Arschloch zu sein“ hat auch keine einzigartige Idee als Grundlage. Die Idee ist, ein besserer Mensch zu werden und damit zu einer besseren Gesellschaft beizutragen. Diese Idee gibt es in den verschiedensten Formen und Ausprägungen. Dabei sind die Ausprägungen so verschieden, dass man wirklich das Gefühl hat, es handle sich um vollkommen unterschiedliche Ideen. Von Axel Hackes „Über den Anstand in schwierigen Zeiten“ bis hin zu Richard David Prechts „Die Kunst, kein Egoist zu sein“ gab es schon diverse, völlig unterschiedliche Ansätze zu diesem Thema. Und es gab auch schon Bücher über Arschlöcher und Arschlochverhalten. Die Amazon-Suchfunktion spuckt auch hierzu einen bunten Reigen käuflich zu erwerbendes Gedrucktes aus. Mein Glück war, dass der Sachbuch-

Cheflektor des Droemer Verlags die Kombination aus Idee und Schreibstil so super fand, dass er auf mich zugekommen ist. Ich hatte einen Blogartikel mit eben meinem Buchtitel als Headline verfasst und über Führungskräfte geschrieben und so ist Florian auf mich gekommen. Uns war beiden klar, dass es ähnliche Ideen und Bücher bereits gibt. Aber es ging eben darum, die Idee in einen umgangssprachlichen, humorvollen Rahmen zu setzen. Ein Stil, den ich bereits in meinem Natural Leadership Blog und in meinem Podcast gepflegt habe. Hier schließt sich dann auch der Kreis von Idee und Stil (hierauf kommen wir später noch einmal zurück). Und genau hier besteht die Möglichkeit, etwas Individuelles zu schaffen. Nicht einzigartig, aber individuell. Denn selbst wenn wir inhaltlich das Gleiche sagen, dann kommt es doch darauf an, wie wir es sagen. Warum sollte es sonst so viele Gedichte und Lieder über die Liebe geben. Da sagt doch auch kein Mensch „Häh? Du willst einen Song über die Liebe schreiben? Das gibt es doch schon längst ..."

Also, „Das gibt es doch schon" ist zwar das erste große Hindernis, über welches viele Autoren nicht hinwegkommen, es ist aber auch das überflüssigste Hindernis. Denn „Das gibt es doch schon" stimmt nie! Deine Stimme, dein Stil, deine Umsetzung, deine Recherche und dein Erfahrungshorizont in Kombination mit Deiner Idee sind grundsätzlich mal einzigartig. Ob es seine Leser findet, das steht auf einem anderen Blatt.

Ist meine Idee gut genug?

Ein weiteres Massengrab für Ideen ist der Satz „Davon hast Du doch gar keine Ahnung“. Und es ist ganz egal, ob dieser Satz von außen oder von innen kommt. Außen, das sind die üblichen Verdächtigen: Freunde, Bekannte, Familie, Lehrer etc. ... Innen, und das ist auch gern mal schlimmer, sind die Stimmen im eigenen Kopf. In Deutschland brauche ich selbst für das Züchten von Wellensittichen einen Sachkundenachweis ... Selbst wenn ich mir einen Hund anschaffe, muss ich inzwischen ein Prüfung machen, um nachzuweisen, dass ich grundsätzlich dazu in der Lage bin ... Wer etwas über Psychologie sagen, geschweige denn schreiben will, sollte Ahnung davon haben. So weit so gut. Aber gerade in Deutschland halten wir die Menschen, die zumindest mal einen Bachelor in Psychologie haben, für prädestinierter über Psychologie zu schreiben als jemanden mit einem Abschluss in Kommunikationsdesign (übrigens mein Abschluss).

Ich weiß gar nicht, wie oft ich gezweifelt habe, ob ich überhaupt berechtigt bin, etwas über Psychologie zu sagen. Geschweige denn, dazu eine Meinung zu haben. Jahrelang habe ich überlegt, noch Psychologie zu studieren, was darin gipfelte, dass ich mich tatsächlich zwei Semester an der Fernuni Hagen mit diesem Studium nebenberuflich abmühte, obwohl mir echt die Zeit fehlte ... Mein aktuelles Defizittrauma ist mein Mangel an philosophischer Grundkenntnis, was wiederum zu überflüssigen Überlegungen führt, vielleicht doch noch mal ein Philosophiestudium zu beginnen. Abgesehen davon habe ich immer wieder den Gedanken, dass ich mit vielen Autor*innen, die einen ganz anderen Stil pflegen als ich, intellektuell nicht mithalten kann ... Willkommen im Club der mindwertigkeits-komplexbeladenen Autor*-innen. Ein Club, den ich nicht gegründet habe, obwohl ich das manchmal denke, und den es schon seit Jahrtausenden gibt. Und man wundert sich, wenn man mal mit anderen, richtig tollen Autoren spricht, wie viele Mitglieder dieser Club tatsächlich hat.

Ergo: Minderwertigkeitskomplexe gehören dazu. Lass Dich nicht von ihnen beirren. Das ist einfacher gesagt, bzw. geschrieben, als getan. Das ist mir durchaus bewusst. Was also tun, wenn die Zweifel mal wieder an die Tür klopfen und Dir ziemlich vehement klar machen, dass weder Dein Fachwissen noch Dein Schreibstil ausreichen, um überhaupt eine Idee weiterzuverfolgen? Eine sehr gute Möglichkeit ist, diese für das Schreiben zu nutzen, um so ins Schreiben zu kommen. Ein Trick, auf den wenige Autoren kommen. Schreibe alle Zweifel auf. Abgesehen davon, dass Du ins Schreiben, also ins Tun kommst, werden Dir die Zweifel später im tatsächlichen Schreibprozess gute Dienste zur Überprüfung Deines Schaffens leisten.

Zweifel einfach links liegen lassen

Wie meine ich das jetzt genau? Ganz einfach. Nehmen wir dieses Buch. Natürlich hatte ich am Anfang jede Menge Zweifel. Da ich aber inzwischen weiß, dass Zweifel ein wahnsinnig guter Ratgeber für Ratgeberbücher sind, fand ich das schon mal ganz gut, dass überhaupt Zweifel da waren. Das bringt Erstautoren jetzt noch nicht so wahnsinnig viel, denn Erfahrungen zeichnen sich vor allem dadurch aus, dass sie gemacht werden. Aber mir hilft es in der Regel schon mal zu wissen, dass andere Autoren in ähnlichen Situationen waren wie ich und wie sie damit umgegangen sind.

Zurück zu den Zweifeln! Wenn Zweifel kommen, egal ob von innen oder von außen, schreibe sie auf. Ein Zweifel an diesem Buch war natürlich, dass es schon jede Menge Bücher zum Thema „Wie schreibe ich ein Sachbuch“ gibt. Also habe ich diesen Zweifel genommen und ihn mir von allen Seiten angeschaut und als These aufgeschrieben. Danach habe ich recherchiert, wie viele Bücher es ungefähr zu diesem Thema gibt. Übrigens schon ein erster Schritt für das Exposé, wenn Du das Buch einem Verlag anbieten willst. Auch hierzu gibt es später mehr.

Dann habe ich mir angeschaut, was das so für Titel sind, die mir beispielsweise Amazon oder Thalia so ausspucken. Darüber hinaus habe ich mir noch Onlinekurse und Blogs angesehen. Wichtig dabei ist die Einstellung, mit der ich mir diese Dinge anschaue. Tatsächlich hat sich der Zweifel, dass es schon jede Menge Bücher zu dem Thema gibt, bestätigt. Die Frage ist aber: Ist das ein Grund, kein Buch darüber zu schreiben? Und genau das ist bei fast allen Zweifeln, die ich habe, die eigentliche Frage. Es ist so, als ob ein Autobauer ein Elektroauto bauen wollte und dann kommen ihm Zweifel. Er macht also eine Recherche und stellt fest, dass es schon viele Elektroautos auf dem Markt gibt ... Jetzt ist die Frage: Ist das ein Grund, kein Elektroauto zu bauen? Ich lehn mich jetzt mal aus dem Fenster und behaupte: Nein ;)

Die Frage, die sich daraus ergibt, ist: „Was kann ich zu diesem Thema beitragen?“ Eine viiiiiiiiel bessere Frage! Und zur Beantwortung dieser Frage macht es auch Sinn, die anderen Bücher am Markt einigermaßen einschätzen zu können. Achtung, Falle: Das heißt nicht, dass Du alle anderen Bücher gelesen haben musst! Es reicht vollkommen aus, wenn Du Dir einen Überblick verschaffst und ungefähr weißt, was in den Top 3–10 so drinsteht. Wie gesagt: Ungefähr! Alles andere stürzt Dich in Hyperrecherche, verunsichert Dich ggf. weiter und hält Dich von dem ab, worum es eigentlich geht: dem Schreiben.

Ein weiterer Zweifel an diesem Buch war meine eigene Expertise ... Es gibt Professoren an Unis, die sich mit nichts anderem befassen als mit dem Verfassen von Texten in den verschiedensten Formen ... Ich kriege aus dem Stegreif nicht mal die eine ordentliche Erklärung für eine Alliteration hin. Tatsächlich musste ich während des Schreibens nachschauen. Hätte ich es nicht getan, hätte ich die falsche literarische Stilfigur beschrieben. Um Dir das Nachschauen zu ersparen, falls Deine Expertise genauso lückenhaft sein sollte wie meine: Es handelt sich um aufeinanderfolgende Worte mit dem gleichen Anfangsbuchstaben oder Anlaut. Klassiker: Fischers Fritz fischt frische Fische. Auch den Expertisezweifel habe ich mir von allen Seiten angeschaut. Das mit den literarischen Stilfiguren hatte ich schnell geklärt. Sollte es überhaupt ein Kapitel dazu geben, würde ich halt recherchieren müssen. Das war schon mal ziemlich einfach. Das Thema mit den Professoren war dann schon unheimlicher. Gott sei Dank gibt es nicht soooo viele Professoren, die in verständlicher, humorvoller Sprache ein Sachbuch über ihr Fachgebiet verfassen. Eins zu Null für mich. Außerdem hatte ich auch nicht vor, einen Ratgeber über das Verfassen eines Fachbuches zu schreiben. Obacht: Sachbuch und Fachbuch unterscheiden sich zusätzlich. Und es gibt noch genug andere Sachbuchformen, die viele Professoren vielleicht beleuchten, aber selbst nie schreiben. Ich würde das dann mal großspurig unter Zwei zu Null verbuchen.

Einen Zweifel machen wir noch, aber dann ist es auch gut, denn Zweifel sind immer nur eines: eine Hilfestellung, eine Idee noch besser zu machen. Aber irgendwann kippt das Ganze in Perfektionismus und der ist sehr selten ein guter Berater. Okay, bei Piloten oder Chirurgen sehe ich das auch anders, aber im kreativen Schreibprozess ist er einer der besten Killer am Markt. Und weil er so tödlich ist, komme ich später auch nochmal darauf zu sprechen. Jetzt aber zu einem meiner Lieblingszweifel: Was, wenn mir nicht genug einfällt? Ein Zweifel, den ich auch jedes Mal habe. Auch jetzt, während ich schreibe, begleitet er mich auf Schritt und Tritt. Aber ich war vorbereitet. Ich habe mir schon vor dem eigentlichen Schreibprozess eine Liste gemacht, was ich tun kann, wenn mir nichts einfällt. Hier kommt meine Liste:

Was, wenn mir nichts mehr einfällt?

- Einen Spaziergang machen
- Duschen
- Etwas machen, das nichts mit dem Schreibprozess zu tun hat
- Meinen Mann/meine Frau fragen
- Eine Freundin* fragen
- Eine Kollegin* fragen
- Meine Hunde fragen
- Ein wertschätzendes Selbstgespräch führen
- Die Zwei-Stuhl-Technik anwenden
- Einen Blogartikel zum Thema lesen
- Recherchieren
- Überlegen, was der ursprüngliche Auslöser für das Buch war und wie dieser zum aktuellen Kapitel passt
- Assoziativ schreiben
- Ein Glas Wein trinken
- Morgen weitermachen
- Sofort schreiben, wenn mir etwas einfällt
- etc.

Es gibt noch einige weitere Punkte, aber diese illustrieren sehr gut, wie viele Möglichkeiten es gibt, wenn mir nichts mehr einfällt. Oft ist es nur so, dass ich, wenn mir nichts mehr einfällt, einfach leergeschrieben bin. Dann sind die Worte gerade ausverkauft. Meistens reicht es dann schon aus, einfach für den Tag aufzuhören. Über Nacht füllt sich mein Wortspeicher fast immer wieder auf und ich kann problemlos weiterschreiben. Dazu gehört natürlich ein wenig Erfahrung. Bei einigen Punkten auf der Liste wird sofort klar, was damit gemeint ist. Alle anderen Punkte werden, wenn es um Schreibblockaden geht, behandelt. Hier geht es zunächst darum, die imaginäre Schreibblockade, die uns gleich zu Anfang vom Schreiben abhält, aufzulösen. Denn sie ist vor allem eines: imaginär. Sie existiert nur in unserem Kopf und ist total schizophren. Sie setzt ein, obwohl wir noch gar nicht angefangen haben. Es ist eine Angst vor einer Blockade, deren Prozess noch gar nicht begonnen hat. Total verrückt! Im Grunde ist es noch verrückter sich auf etwas vorzubereiten, was passieren könnte, wenn man etwas beginnen wird, was man aber eigentlich noch nicht begonnen hat ... Aber es funktioniert ja auch im umgekehrten Fall, nämlich, wenn es uns vom Schreiben abhält. Warum also nicht gleich planen, was zu tun ist, wenn die Zweifel bzw. die berüchtigte Schreibblockade einsetzt?

DAS THEMA

Häh? Wenn ich eine Idee habe, dann habe ich doch gleich ein Thema. Das ist doch doppelt gemoppelt. Nicht zwingend. Am Beispiel von „Die Kunst, kein Arschloch zu sein“ lässt sich das ganz gut verdeutlichen. Die Idee zu dem Buch ist einzig und allein aus dem Titel entstanden. Der Titel war ja bereits mal die Headline für einen meiner Blogartikel. Allerdings ging es in dem Blogartikel um das Thema „Führung“ und wie man eine gute Führungskraft ist. Daran kann man schon ganz gut erkennen, dass Idee und Thema nicht zwingend ein und dasselbe sind. Sondern manchmal nur das Gleiche und manchmal zwei völlig unterschiedliche Paar Schuhe.

Idee und Thema sind nicht dasselbe

Wenn die Idee ist, ein Buch zum Thema Hundeerziehung von Junghunden zu schreiben, dann ist das dasselbe. Allerdings kann es auch hier wieder variieren. Vielleicht ist das das Thema, aber die Idee ist, aus einer Kombination aus Buch und Online-Unterstützung eine Lehrkombination zu schaffen und so ganz neue Inspirationen zu vermitteln. Alexander Hartmann hat das in seinem Buch „Mit dem Elefant durch die Wand“[2] ganz prima gelöst. Abgesehen davon, dass das Buch eine tolle

[2] Alexander Hartmann, „Mit dem Elefant durch die Wand“, Ariston; Auflage: Originalausgabe, 2015.

Mischung aus Informationen und Übungen ist, kommen eben in fast allen Kapiteln noch einmal Verweise auf bestimmte Internetinhalte dazu. Beispielsweise verweist er in einem Kapitel auf den Vortrag von Vera F. Birkenbihl „Viren des Geistes“[3]. Dazu wurde eine eigene Landingpage kreiert und davon abgesehen den YouTube-Link zu verwenden. Der YouTube-Link beinhaltet nämlich die Gefahr, dass der Inhalt vom Kanalinhaber wieder rausgenommen wird und die Suche des Lesers anschließend ins Leere läuft. Hartmann umgeht dies, indem er für seine Verweise eben eigene Landingpages anbietet. Durch die Verweise ins Internet mit verschiedenen Aufgaben und Inhalten wird ein neues Lese- bzw. Lernerlebnis geschaffen, welches vor allem der interneteaffinen Leserschaft einen Mehrwert bietet. Es macht einfach Spaß, sich darauf einzulassen. Hartmanns Thema ist, wie man sein Unterbewusstsein so programmiert, dass man sich erfolgreich selbst steuern kann. Die Idee ist ein Lern- und Umsetzungserlebnis über das Medium „Buch“ hinaus.

Dann wiederum gibt es Bücher, wie das „Mutmuskeltraining“ von Tanja Peters[4], welches ein separates Arbeitsbuch bekommen hat. Im Buch beschreibt Peters viele Situationen und gibt auch Tipps, wie man selbst mutiger werden kann, allerdings geht es im Buch mehr darum klar zu machen, dass Mut überhaupt trainierbar ist. Das ist für viele Menschen ja schon ein neuer Gedanke. Dabei lässt Peters auch andere Menschen, die in der einen oder anderen Lebensphase Mut brauchten, zu

---

3 https://www.youtube.com/watch?v=IXh1O_YUMSM.

4 Tanja Peters, „Mutmuskeltraining“, dtv Verlagsgesellschaft, 2019.

Wort kommen. Diese erzählen, wie es war und was sie aus den Situationen für sich mitgenommen haben. Ihr Thema hat Peters dann weiter zu einem zusätzlichen Workbook ausgebaut. Dort gibt es dann jede Menge Ideen und Übungen für diejenigen, die nach der Lektüre ihren eigenen Ängsten zu Leibe rücken wollen, um wieder befreit aufzuspielen. Ähnlich geht Petra Bock mit ihrem Thema „Mindfuck“ um. „Mindfuck“ ist für Bock das Thema „Selbstsabotage“. Im Buch erklärt die Autorin, warum wir uns selbst sabotieren und warum wir so ticken, wie wir ticken. Im Arbeitsbuch gibt sie dann dem Leser jede Menge Übungen an die Hand, um sich erstens selbst auf die Schliche zu kommen und zweitens dem Mindfuck zu entkommen. Im Buch „Mindfuck – Job“ geht sie noch mehr ins Detail und beleuchtet, warum wir uns im Job blockieren und wie wir dem ein Ende bereiten.[5]

Bei „Die Kunst, kein Arschloch zu sein“ war der Titel praktisch das Thema. Letztendlich ging es darum zu zeigen, dass wir alle immer mal wieder Arschlöcher sind. Dass es in unserer Natur liegt. Aber dass es auch in unserer Natur liegt, altruistisch zu sein. Was noch fehlte, war eine Idee, wie das Buch aufgebaut werden sollte. Am Ende habe ich mich dafür entschieden, das Thema entlang verschiedener Werte zu beleuchten. Das war dann die Idee. Selbst beim Schreiben dieses Abschnittes fällt mir auf, dass die Trennung zwischen Idee und Thema ein wenig akademisch daherkommt. Das lässt sich aus meiner Sicht leider nicht ganz vermeiden, denn in der Praxis wirst Du merken, dass eine Idee allein kein Sachbuch ergibt und ein Thema allein auch nicht. Beides muss

5 Petra Bock, „Mindfuck – Job“, Knaur HC; Auflage: 14., 2011.

zusammenfinden, um ein lesenswertes Sachbuch zu ergeben.

Wie finde ich mein Thema?

Wie finde ich aber nun ein gutes Thema? Ich gehe mal davon aus, dass die meisten Leser schon ein Thema haben und nur noch nicht genau wissen, wie sie an die Sache mit dem Schreiben rangehen sollen. Trotzdem ist es interessant, sich einmal anzuschauen, wie man denn überhaupt ein Thema findet, über das man mindestens 200 Normseiten lang schreiben kann. Eine Normseite ist eine Seite mit allgemein gültigen Formatangaben, nach der Verlage und Zeitungen einschätzen können, welchen Umfang Dein Werk in ihren Formatvorgaben hat. Dazu mehr im Kapitel zum Exposé.

Tatsächlich verlässt viele Erstautoren schon der Mut, wenn sie hören, dass sie 200 Seiten füllen sollen. Der Gedanke „So viel gibt mein Thema gar nicht her“ ist verständlich und völlig normal. Auch hierfür ist „Die Kunst, kein Arschloch zu sein“ ein sehr schönes Beispiel, denn das Thema kann man in einem Satz abhandeln: Behandle andere, wie sie behandelt werden möchten.

Fertig! Eines der kürzesten Bücher der Welt. Der Witz ist, wenn Du Dein Buch in ein bis zwei Sätzen zusammenfassen kannst, dann taugt das Thema etwas. Richard David Prechts „Anna, die Schule und der liebe Gott“[6] lässt sich zusammenfassen in „Das Schulsystem ist überholt“. Natürlich kommen optimalerweise nach der 1-

6 Richard David Prechts, „Anna, die Schule und der liebe Gott“, Goldmann, 2014.

Satz-Erklärung Fragen auf. Bei meinem Buch zum Beispiel „Woher weiß ich denn, wie andere behandelt werden möchten? Und wie finde ich das heraus?“ und bei Precht wäre die Frage, warum er dieser Meinung ist und wie man das ändern kann ... Alle Fragen, die aus der 1-Satz-Erklärung resultieren, sollte das Buch idealerweise beantworten. Doch Vorsicht: Wenn Du nicht den großen Brockhaus neu verfassen möchtest, ist es sinnvoll, sich zu beschränken. Hierzu später mehr.

Zurück zum Thema. Dein Thema sollte idealerweise aus Deinem Fachgebiet kommen. Dabei meine ich mit „Fachgebiet“ nicht Deine Professur an irgendeiner Uni. Wenn es so ist, fein, aber mit Fachgebiet meine ich in diesem Fall ein

Gebiet, in dem Du Dich gut auskennst und für das Dein Herz schlägt. Dabei finde ich es fast noch wichtiger, dass Dein Herz so richtig dafür schlägt, denn Fachwissen kann man sich immer aneignen. Der Schreibprozess eignet sich dafür sogar hervorragend. Wenn Autoren immer alles schon wissen müssten, bevor sie überhaupt mit dem Schreiben beginnen, würde es wesentlich weniger Bücher geben. Für mich ist ein Sachbuch ähnlich wie eine Bachelor- oder Masterarbeit. Ich wähle ein Thema, welches mich brennend interessiert und dann lege ich los. Und auf dem Weg recherchiere und lerne ich. Klassisches Learning by Doing. In dem Moment, in dem ich auf etwas stoße, was ich nicht weiß, recherchiere ich es und nehme es entsprechend in mein Buch auf.

Oder ich habe eine Idee und schaue, zu welchem Thema diese passt. Da an den eigenen Ideen ja auch in der

Regel Herzblut hängt, ist die Begeisterung schon mal da. Schwierig wird es, wenn das Thema plötzlich ganz weit weg von der eigenen Expertise ist. Das bedeutet nicht, dass man das Buch nicht schreiben könnte oder sollte. Man muss sich nur darauf einstellen, dass es wesentlich mehr Arbeit in der Recherche bedeutet und dass es dem Buch guttut, wenn es von einem Experten überprüft wird. Zum Beispiel finde ich das Thema „Quantenphysik" echt spannend.

Allerdings habe ich von Physik so viel Ahnung wie eine Biene vom Surfen. Wie schon gesagt, könnte ich so ein Buch durchaus angehen. Zum Beispiel in Richtung „Quantenphysik für Anfänger". Damit hätte ich einen guten Zugang zu dem Thema, da ich ja selbst Anfänger bin und damit schon mal auf der Seite meiner zukünftigen Leser*innen. Ich kann mir alle Fragen stellen, die die Leser*innen sich auch zu dem Thema stellen und diese dann durch fleißiges Recherchieren beantworten. Wenn ich so beim Schreiben darüber nachdenke, gar keine schlechte Idee. Sie kommt auf jeden Fall auf meine Ideenliste für Bücher, die ich irgendwann einmal schreiben möchte.

Thema schärfen: Je spitzer, desto besser

Selbst beim Thema „Quantenphysik für Anfänger" gibt es wahnsinnig viele Möglichkeiten, an das Thema heranzugehen. Und nicht nur das: Es ist ein riesiger Themenkomplex! Wo fängt dieser überhaupt an und vor allem: Wo hört er auf? Selbst bei meinem Buch „Die Kunst, kein Arschloch zu sein" war es nicht so ganz einfach, nicht vom Hölzchen aufs Stöckchen zu kommen. Oder, um in meiner Wortwahl zu bleiben, nicht vom Arsch zum Eimer abzudriften.

Damit drehen wir uns jetzt das erste Mal im Kreis, denn wir kommen zurück auf „Die Idee in einem Satz" bzw. „Die Botschaft in einem Satz". In meinem Fall war die Botschaft: „Wie Du ein besserer Mensch wirst und wie Du psychologische Hindernisse überwindest." Oder wir nehmen einmal dieses Buch. Die Idee ist, in einem lockeren, unterhaltsamen Ton ein Lehrbuch zu schreiben, bei dem man nicht nach zwei Minuten einschläft, weil man es nicht in einem Rutsch durchlesen kann. Das Thema ist klar: Wie man ein Buch schreibt und veröffentlicht. Jetzt ist aber die Frage: Was für ein Buch? Und da beginnt die Schärfung des Themas. Natürlich hätte ich auch ein allgemeines Buch zum Thema „Buch schreiben" verfassen können. Das ist aber aktuell nicht meine Expertise (was nicht ist, kann ja noch werden) und je allgemeiner das Thema bleibt, umso weniger Detailinformationen kann ich im Buch unterbringen. Schon die Kategorie „Sachbuch" enthält so viele Unterformen, dass es kaum möglich ist, auf alle einzugehen. Wenn ich jetzt noch die Belletristik mit all ihren Genres dazunehme, dann wird es noch komplexer ...

Im Grunde ist es wie mit Autos. Ein Porsche 911 ist genauso ein Auto wie ein Toyota Corolla ... Es macht schon Sinn, sich bei der Autobeschreibung zumindest auf einen Hersteller und noch besser auf eine Baureihe zu fokussieren. Sonst wird es schnell unübersichtlich ;)

Nehmen wir ein anderes Beispiel: das Buch von Celeste Headlee „We need to talk“[7]. Ein US-amerikanischer Bestseller über Kommunikation. Nun gibt es Bücher über Kommunikation wie Sand am Meer und im Grunde ist über das Thema schon alles gesagt. Allerdings geht die Autorin in ihrem Buch der Frage nach, warum es aktuell so schwer zu sein scheint, miteinander zu sprechen und warum eine immer tiefere Kluft die USA durchzieht. Ihre These: Es wird nicht mehr miteinander gesprochen, sondern es werden nur noch Sätze in den Raum geworfen und es findet eben kein Austausch mehr statt. Sie geht nur am Rande auf die Grundsätze der Kommunikation ein. Sie beschreibt kommunikative Probleme und wie sie gelöst werden können. Warum sie entstehen, ist dabei sekundär. Der Untertitel des Buches bringt es auf den Punkt: „How to have better Conversations.“

Oder das großartige Sachbuch von Stephen King „Das Leben und das Schreiben“[8]. Es sind Kings Memoiren, die eine Anleitung zum Schreiben beinhalten. Für King sind Leben und Schreiben untrennbar miteinander verbunden. Und genau das ist der Kern des Buches. Erstautor*innen hätten Verlage dies vermutlich nicht durchgehen lassen. Begründung: Das Thema ist verwässert. Bei einem Bestsellerautor wie King ist man da natürlich ehrfürchtiger. Allerdings ist er in diesem Fall auch glaubwürdiger und kann glaubhaft darstellen, warum Leben und Schreiben für ihn untrennbar sind. Manchmal hängen Glaubwürdigkeit und Kernthema eben auch so

[7] Celeste Headlee, „We need to talk“, Piatkus, 2017, First Edition.

[8] Stephen King, „Das Leben und das Schreiben“, Heyne Verlag, 2011, Originaltitel: On Writing.

eng zusammen, dass sie kaum voneinander zu trennen sind.

An meinem Quantenphysikbeispiel auch sehr gut festzumachen. Ein solches Buch von mir ist nur glaubhaft, wenn ich meine Ahnungslosigkeit direkt an das Thema knüpfe. So in Richtung: Von null Ahnung zu einem Grundverständnis der Quantenphysik. Eine Entdeckungsreise von Anfängern für Anfänger ... Das funktioniert und schärft gleichzeitig das Thema. Denn jetzt ist klar, wie das Buch aufgebaut sein muss bzw. was das Ziel des Buches ist. Je mehr ich darüber nachdenke, umso überzeugter bin ich, dass es ein gutes Buch sein würde. Auch wenn es den Titel „Quantenphysik für Dummies“[9] bereits gibt, denn es wäre ja die Erweiterung: Von Dummies für Dummies ;) Nehmen wir noch einmal ein anderes Beispiel aus der Coaching- und Trainerbranche: Teambuilding. Eine kurze Suche bei Amazon ergab in der Kategorie „Bücher“ über 1.000 Ergebnisse. Darunter Titel, die sich mit Teamdynamiken in Seminaren befassen. Wie man ein Sportteam zusammenstellt oder wie man eine Abteilung in einem Unternehmen zu einem Team formt ... Ich gebe zu, ich hatte beim Thema „Teambuilding“ schon eine Idee im Kopf und habe mich gefragt, was da jetzt noch zu schärfen sei ... Bei diesem Thema ist eben die Frage: Um welches Teambuilding geht es? Nehmen wir einmal an, es geht um Teambuilding in einer kleinen Firma oder einer Abteilung. Das ist ein ganz anderes Thema als „Teambuilding im Seminar“ ... Außerdem gibt es noch die Frage, wo beginnt das Teambuilding? Geht es um eine

---

[9] Steve Holzner, „Quantenphysik für Dummies“, Wiley-VCH Verlag GmbH; 2. überarb. u. erw. Edition, 2012.

Abteilung, die bereits besteht oder soll diese noch aufgebaut werden? Gibt es Probleme in der bestehenden Abteilung? Wer bestimmt, wer ins Team kommt? Unterscheiden sich die gruppendynamischen Prozesse in den verschiedenen Ausgangslagen und, und, und ... Simon Sinek, Bestsellerautor aus den USA, hat sein Thema an der Frage geschärft „Warum einige Teams funktionieren und andere nicht“[10]. Für ihn ist die Führungskraft eines Teams der Dreh- und Angelpunkt. Also geht er von ihr aus. Ein ganz anderer Ansatz als „Teamwork, Teamdiagnose, Teamentwicklung - Praxis der Personalpsychologie“[11], Band 8 von Rolf van Dick und Michael A. West, die einen eher diagnostischen Ansatz gewählt haben.

Im Grunde beschäftigen wir uns bei der Schärfung unseres Themas indirekt auch schon mit unserer Zielgruppe. Denn wie an den genannten Beispielen unschwer zu erkennen ist, werden die unterschiedlichen Herangehensweisen und Kernthemen verschiedene Zielgruppen ansprechen. Allerdings würde ich empfehlen, bei Idee und Thema die Zielgruppe noch außer Acht zu lassen.

Für mich geht es in diesem Bereich erst einmal darum, Begeisterung für Idee und Thema zu entwickeln. Diese muss uns schließlich über 200 Seiten und durch mehr oder weniger aufwendige Recherchearbeit tragen. Abgesehen davon können wir davon ausgehen, dass etwas, das uns fasziniert und begeistert, auch andere

---

[10] Simon Sinek, „Gute Chefs essen zuletzt: Warum einige Teams funktionieren und andere nicht“, Realien Verlag, 2017.

11 Rolf van Dick und Michael A. West, „Teamwork, Teamdiagnose, Teamentwicklung - Praxis der Personalpsychologie“, Band 8, Hogrefe Verlag, 2005.

faszinieren und begeistern wird. Unsere Aufgabe ist es, dieser Faszination so viel Ausdruck zu verleihen, dass andere sich darin wiederfinden.

INSPIRATION

Man sollte meinen, dass die Frage „Wo nimmst Du Deine Inspiration her?“ vermutlich eher eine Frage ist, die Romanautoren gestellt wird. Aber das ist ein Trugschluss. Ich weiß gar nicht, wie oft ich diese Frage schon gehört habe. In verschiedenen Formen begegnet sie mir immer wieder.

„Wo bekommst Du die Ideen für Deine Buchtitel her?“

„Wie bist Du auf die Idee zu diesem Buch gekommen?“

„Wie bekommt man überhaupt ein ganzes Buch zu dem Thema voll?“

„Wie bist Du darauf gekommen, das Buch so aufzubauen?“

„Warum ausgerechnet dieses Thema?“

Wie will ich mich ausdrücken?

Und so weiter und so fort. Dass Dich als Autor*in das Thema interessieren sollte, ist ein No-Brainer. Diesen Ausdruck hat einer meiner Chefs immer gesagt, wenn es sich um Aufgaben oder Schlussfolgerungen für Anfänger handelte. Formulierung für gut befunden und ins

Repertoire aufgenommen. Damit sind wir schon bei einer Inspirationsquelle für meine Ausdrucksweise: andere Menschen. Ein No-Brainer ist, dass unterschiedliche Menschen unterschiedliche Ausdrucksweisen haben. Und auch, wenn mich eine geschliffene, gebildete Ausdrucksweise wahnsinnig in ihren Bann zieht und fasziniert, so macht mir die einfache Alltagssprache mit vielen Synonymen und Metaphern doch am meisten Spaß. Und diese Art, sich auszudrücken, hört man am meisten in Gesprächen, in Filmen, im Radio und in Podcasts. Zur gedruckten Form kommen wir gleich, denn die gesprochene Sprache unterscheidet sich doch immer von der gedruckten. Auch bei mir. Beim Sprechen nutzen wir eher selten eingeschobene Nebensätze, an welchen ich auch ziemlich viel Freude habe. Wir sagen auch nicht „an welchen ..." Gesprochen würde der Satz bzw. der Inhalt eher so klingen: „Wir nutzen beim Reden ja kaum Nebensätze. Obwohl die schon ganz cool sind ... An welchen? Nee, so spricht doch kein Mensch (alternativ ‚keine Sau')!"

Interessant sind auch Ausdrucksweisen, die man eigentlich nie selbst nutzen würde. Ich liebe beispielsweise das Wort „dufte" als Adjektiv für Dinge, die super sind. Nutzen tue ich es so gut wie nie, weil es sich einfach nicht in meinen Sprachgebrauch einfügen mag. Wenn es dann aber jemand anderes benutzt, freue ich mich wie Bolle. Andere Formulierungen nisten sich sofort in meinem Wortschatz ein und stehen sofort zum freien Gebrauch zur Verfügung, wie eben „No-Brainer".

Damit ist als Inspirationsquelle für Sprache mein top Tipp: Viel mit den Leuten quatschen und viel zuhören!

Tatsächlich schreibe ich mir auch öfters mal die eine oder andere Formulierung auf, die ich cool finde. Bitte nicht falsch verstehen, ich schaue dann nicht nach, um mich dann genau so auszudrücken. Ich schreibe die Formulierungen auf, um sie mir besser zu merken. Wenn ich dann durch meine Notizen blättere, dann schaue ich oft nochmal auf die Formulierungen und freue mich daran. Ich versuche mich zu erinnern, wer das so gesagt hat und schon verfestigt sich diese Ausdrucksweise ein wenig mehr.

Für mich gehört die Freude an Sprache einfach dazu. Ich beschäftige mich auch gern mit dem Thema. Ich finde es interessant zu erfahren, welchen Wortstamm Wörter haben und wie ihre ursprüngliche Bedeutung einmal war. Auch daraus ziehe ich eine Menge Inspiration. Zum Beispiel kommt das Wort „Roman“ aus dem Französischen und seine ursprüngliche Bedeutung war „abenteuerliche Erzählung aus vergangener Zeit“. Darüber hinaus war im Römischen Reich die „Lingua Romana“ die gesprochene Sprache des Volkes, während die Lingua Latina die Sprache der Gelehrten war.[12] Mit solchen Erklärungen geht mein Verstand schon auf Reisen.

So finde ich es sofort bemerkenswert, dass ich in der Sprache des Volkes schreibe und damit vielleicht dem Roman näher bin als dem Fachbuch. Und jetzt muss ich mich sogar zusammenreißen, nicht in diese Richtung abzuschweifen und meine Gedanken nicht in Richtung „Kann man einen Roman auch wie ein Sachbuch verfassen und ein Sachbuch wie einen Roman“ davon

[12] https://klexikon.zum.de/wiki/Roman.

galoppieren zu lassen. Den zweiten Teil kann ich schon mal bejahen, denn es gibt genügend Beispiele, wie Ratgeber in Geschichten gefasst wurden. Dazu später mehr im Kapitel zu den verschiedenen Formen von Sachbüchern.

Presse als Inspirationsquelle

Fast genauso wichtig wie Gespräche sind für mich das Tagesgeschehen und damit Presseartikel. Es gibt zwar immer mal wieder Zeiten, da lese ich weniger Zeitung, lange halte ich das allerdings nie durch. Zu meiner täglichen Lektüre gehören ZEIT online, SPIEGEL online, Der Freitag und Spektrum. Gern auch ze.tt und bento. Das kommt immer darauf an, was gerade so in der Welt los ist. Abgesehen davon finden sich dort auch immer Artikel zu meinen Psychologielieblingsthemen. Kolumnen lese ich auch immer wieder gern.

Sehr oft stolpere ich durch Zufall über einen Presseartikel und denke „Krass, in der Form habe ich da noch gar nicht drüber nachgedacht“ oder „Ach guck mal, dass könnte für meine Podcasthörer interessant sein“. Dann schicke ich mir den Artikel per E-Mail zu und verschiebe ihn in mein Postfach „Interessante Presseartikel“. Und wenn mir mal nix einfällt, dann krame ich in dem Postfach und lasse mich von den Artikeln inspirieren. Manchmal übernehme ich das Thema und packe es in meine Worte und manchmal wird ein völlig neues Thema daraus, weil ich bei der Bearbeitung einmal anders abbiege als die Autoren und schon entsteht etwas ganz anderes. Auf jeden Fall entsteht immer etwas Neues. Versteht mich nicht falsch: Abschreiben geht gar nicht!

Alles, was abgeschrieben wird, wird immer korrekt zitiert! Wenn Du ein Thema aufgreifst, ist das etwas anderes. Beispielsweise habe ich vor kurzem einen Artikel gelesen, in dem ging es darum, welche Fehler Führungskräfte machen, wenn sie ihre Leute demotivieren. Zwölf Beispiele wurden in diesem Fall kurz angerissen. Ich habe daraufhin auch einen Artikel zum Thema geschrieben, habe mich auf drei Fehler beschränkt und ausführlich beschrieben, warum wir als Führungskräfte diese Fehler machen.

Ein Presseartikel kann aber auch eine Idee für ein ganzes Buch sein. Wenn wir bei dem genannten Artikel bleiben, könnte man daraus problemlos ein Sachbuch über Führung schreiben. Anhand der zwölf beschriebenen Fehler wäre sogar die Struktur schon halbwegs fertig. Alles, was jetzt noch zu machen wäre, wäre eine Unterstruktur. Das heißt, unter welchen Gesichtspunkten man die einzelnen Fehler beleuchten will. Damit wären 200 Seiten problemlos zu füllen. Mir würde sogar genug Material für ein zusätzliches Übungsbuch einfallen. Wer jetzt ein wenig verzweifelt und denkt „Das kriege ich nicht hin und mir fällt zu so einem Artikel überhaupt nix ein"– Tröste Dich! Das war bei mir am Anfang nicht anders. Zum Thema „Führung" habe ich über die Jahre schon so viel gelesen, geredet und geschrieben, dass ich aus dem Stegreif ein neues Buch darüber schreiben könnte. Es steckt einfach jede Menge Input in meinem Hirn. Aber eben nicht nur zum Thema an sich, sondern auch zum Schreiben. Das ist bei mir der Grund, warum es mir vordergründig leichtfällt. Was allerdings täuscht. Aber zu den Schreibblockaden kommen wir ja auch noch.

Also: Presseartikel sind eine sehr gute Inspirationsquelle. Gerade für Sachbuchautoren, denn ein Presseartikel ist im Prinzip ein Sachbuch in seiner kürzesten Form.

Bücher als Inspirationsquelle

Vermutlich gibt es kein Buch über das Schreiben von Büchern, in dem steht: Das Lesen von Büchern ist überbewertet. Jedes Buch, das ich bisher gelesen, und jeder Videokurs, den ich bisher gesehen habe, beinhaltet diesen Tipp. Egal, ob es dabei um Belletristik oder um Sachbücher geht. Wer schreiben will, muss lesen!

Ich kann mich daran erinnern, das ist aber schon sehr lange her, dass ich auch mal dachte, dass es auch ginge, ohne viele Bücher zu lesen. Dabei ist mir überhaupt nicht aufgefallen, dass ich schon damals täglich Zeitung gelesen, jede Menge Hörbücher gehört und auch viele Bücher gelesen habe. Das war mir nicht bewusst und ich dachte, ich müsste ausschließlich Bücher zu dem Thema lesen, über welches ich auch schreiben wollte. Zu dem Zeitpunkt wollte ich noch einen Roman schreiben. Hatte aber nicht so wirklich ein Thema. Witzigerweise wollte ich als Erstes über meinen damaligen, unfähigen Chef schreiben. Da hatte ich noch keine Idee, dass es sowas wie Bücher über Führung überhaupt gab. Ich wollte einfach einen Roman daraus machen. Den Autor Martin Werle, der solche Bücher schreibt, kannte ich auch nicht. Und so ist die Idee einfach nur eine Idee geblieben. Wenn ich mir jetzt vorstelle, damals schon die entsprechenden Bücher gelesen zu haben, hätte ich vielleicht schon ein entsprechendes Buch geschrieben. Die Idee kommt auf jeden Fall nochmal in meinen Ideenpool. Da steckt noch Potential drin. Das konnte ich zu dem Zeitpunkt aber noch nicht erkennen. Mir fehlte nicht nur die Schreib-, sondern auch die Leseerfahrung. Die Leseerfahrung mit den entsprechenden Büchern. Als Autoren brauchen wir beides. Wir brauchen Leseerfahrung mit anderen Genres und Themen und wir brauchen jede Menge Leseerfahrung aus unserem Themenbereich.

Für dieses Buch habe ich unzählige Blogartikel über das Schreiben von Büchern gelesen. Ich habe Videokurse geschaut und mir die dazugehörigen Workbooks durchgelesen und gerade liegen vier Bücher anderer Autoren zu diesem Thema auf meinem Tisch, während ich schreibe.

Während ich dieses Buch schreibe lese ich von Celeste Headlee „Do nothing". Da geht es allerdings nicht ums „Schreiben", sondern ums „Nichts tun". Trotzdem hat das Buch einige interessante Aspekte in Bezug auf den Zusammenhang zwischen Müßiggang und Kreativität, die für dieses Buch auch noch interessant werden könnten. Zusätzlich habe ich auch immer noch ein Hörbuch am Start. Gerade habe ich „Zero" von Marc Elsberg beendet und jetzt überlege ich gerade, was ich als Nächstes hören könnte. Romane sind für mich zwar eher nur Entspannung, sie enthalten aber auch immer wieder Ideen, die mich inspirieren. Zum Beispiel habe ich vor einiger Zeit „Der siebte Tod" von Paul Cleave gehört. Cleave erzählt seine Geschichte aus zwei Erzählperspektiven. Einmal aus der Ich-Perspektive des Mörders und einmal aus einer vermeintlich neutralen Erzählperspektive, die aber ausschließlich eine Protagonistin begleitet und damit auch nicht wirklich neutral ist. Richtig coole Idee. Ob das in einem Sachbuch umsetzbar ist? Vielleicht könnte man eine Parabel in dieser Form schreiben? Klingt interessant, aber auch wahnsinnig anstrengend ;)

Egal, in welchem Ratgeber oder in welchem Videokurs rund um das Schreiben: alle sind sich einig. Wer schreiben will, sollte viel lesen! Ich kann gar nicht genau sagen, ob ich es wahnsinnig wichtig finde, viele Bücher in dem Genre bzw. mit dem Thema zu lesen, zu dem man selbst schreiben will. Bei mir ist das irgendwie immer automatisch passiert. Zum einen zur Recherche und zum anderen wollte ich auch wissen, was die anderen so schreiben. Dabei habe ich mir immer die Autoren bzw. Titel rausgesucht, die ich am interessantesten fand. Beispielsweise habe ich für „Die Kunst, kein Arschloch zu sein“ von Axel Hacke „Über den Anstand in schwierigen Zeiten und wie wir miteinander umgehen“ und von Alexander von Schönburg „Die Kunst des lässigen Anstands“ komplett gelesen. Da stand die Idee allerdings schon fest. Prechts „Die Kunst, kein Egoist zu sein“[13] hatte ich schon lange vorher gelesen. Darüber hinaus hatte ich noch einige andere Bücher zur reinen Recherche am Start, die ich aber nicht komplett gelesen habe.

Bücher rund um Persönlichkeitsentwicklung, Psychologie und Philosophie begeistern mich. Und in fast jedem Buch, welches ich lese, steht etwas drin, wo ich denke: „Ach cool, das muss ich mir merken.“ Und „Das muss ich

[13] Richard David Precht, „Die Kunst, kein Egoist zu sein“, Goldmann, 2012.

mir merken“ steht fast immer für „Das muss ich unbedingt im nächsten Buch verarbeiten“. Dabei ist es einerlei, ob es sich um einen Gedanken des Autors, eine zitierte Studie, eine Schlussfolgerung oder eine gute Formulierung handelt. Manchmal denke ich auch „Nee, das glaube ich so nicht. Es ist so und so ...“ und dann findet genau diese kontroverse These den Weg in eines meiner Bücher. Ergo: Lesen ist das Fundament des Schreibens. Fast alle Autoren sind auch manische Leser. Im Grunde ist das geschriebene Wort ja die Materie, mit der wir arbeiten. Es wäre doch merkwürdig, wenn wir uns dafür nicht interessierten. Ich stelle mir das so vor, dass ein Wissenschaftler sich überhaupt nicht für die Arbeiten, die in seinem Fachgebiet publiziert werden, interessieren würde ... Das scheint mir irgendwie absurd. Andreas Eschbach schreibt dazu auf seiner Homepage[14], das wäre so, als ob jemand Profifußballer werden wollte, sich aber keine Fußballspiele anschaut und sich außerhalb des Trainings nicht für Fußball interessiert ... Recht hat er.

Songs als Inspirationsquelle

Im Grunde ist jeder Text eine mögliche Inspirationsquelle. Für mich gehören Songtexte und Gedichte ebenfalls dazu. Im Sachbuchbereich vielleicht eher indirekt. Erstaunlich, denn sie spiegeln in Kurzform alle möglichen Bereiche des Lebens wider.

Beispielsweise finde ich den Text zu „Open your eyes“ von den Guano Apes ganz großes Kino:

---

[14] http://www.andreaseschbach.de/schreiben/phantastisch/folge4/folge4.html.

Open your eyes, open your mind
Proud like a god, don't pretend to be blind
Trapped in yourself, break out instead
Beat the machine that works in your head

Für mich die Hymne aller Selbsthilfebücher. Klingt allerdings wesentlich cooler als: den inneren Schweinehund besiegen. Eigentlich schon eine prima Idee für ein Buch „Beat the machine that works in your head". Ja, auch dazu gibt es schon eine Menge Bücher, aber es wäre ja wahnsinnig langweilig, wenn es zu jedem Thema nur ein einziges Buch geben würde.

In meinem Buch „Montags muss ich immer kotzen! Erste Hilfe gegen Arbeitsübelkeit" habe ich jedem Kapitel einen Songtext vorangestellt, der die Kapitelidee zusammenfasst. Ich fand das einen guten assoziativen Zugang zu den psychologischen Hintergründen.

Wahrscheinlich steckt in Deinen Lieblingssongs für Dich eine Idee zu einem Buch, oder zumindest eine Kapitelidee. Erstaunlich, aber auch bei Sachbüchern funktioniert das. Lyrik, egal in welcher Form, ist nicht nur Inspiration für Geschichten, sondern auch für Sachbücher. Ach, was sage ich? Gerade für Sachbücher! Mir fallen aus dem Stegreif mindestens drei Songtexte und auch ein Rilke-Gedicht ein, die hervorragende Inspirationen für Sachbücher abgeben:

„Keine halben Sachen" von Roger Cicero

„The other Side" von Tina Dich

„Ich bin doch keine Maschine“ von Tim Bendzko

„Der Panther“ von Rilke

Natürlich sind das alles Titel, die in die Richtung der Bücher gehen, die ich zum Thema „Persönlichkeitsentwicklung“ schreiben würde. Eine coole Aufgabe für einen Schreibworkshop bzw. -kurs wäre, aus einem Songtext oder einem Gedicht eine Idee für ein Sachbuch zu entwickeln. Das muss ich mir unbedingt merken. Die Idee gefällt mir ;) Theoretisch könntest Du sofort mit der Übung anfangen: Schau Dir einfach mal die vorgegebenen Titel an und überlege, welche Sachbuchidee Du aus einem davon entwickeln könntest. Ja, Du musst Dir erst einmal die Texte besorgen und sicher wäre es bei den Songs auch von Vorteil, diese einmal anzuhören. Vielleicht auch mal einen Blick auf das Album zu werfen etc. und schon bist Du in der Recherchearbeit. Ich muss zugeben, diese Übungsidee gefällt mir zunehmend besser.

Filme, Serien und Dokumentationen als Inspirationsquellen

Als alter Streaming-Junkie liegt es für mich natürlich auch nahe, Inspirationen aus Filmen, Serien und Dokumentationen zu ziehen. Das klingt vielleicht komisch, aber ich finde fast immer irgendwelche psychologischen Aspekte, die ich bemerkenswert finde. Serien wie „All or nothing“ geben teilweise (nicht immer) spannende Einblicke in die Arbeit von Mannschaftssportlern. Sehr gut fand ich in dieser Hinsicht die Staffel über Pepp Guardiola und Manchester United. Zu dieser Staffel habe ich verschiedene Blogbeiträge zum Thema „Führung und Motivation" geschrieben und auch ein paar Podcastfolgen wurden davon inspiriert. Es müssen aber nicht zwingend Dokumentationen sein. Auch Filme zünden bei mir immer wieder Ideenfunken. Evergreens sind dabei für mich fast alle Filme mit Robin Williams. Obwohl ich einige Filme fast mitsprechen kann, springt immer wieder ein Funke über und ich bekomme neue Ideen.

Darüber hinaus eignen sich solche Formate auch immer gut, um das Gehirn mit der Phantasie im Gepäck immer mal wieder auf eine ganz andere Reise zu schicken und sich nicht mit dem eigenen Fachthema zu beschäftigen. Wenn ich beispielsweise wie jetzt im Schreibprozess bin, dann lasse ich mich einfach mal berieseln. Es muss nicht immer alles einem Zweck dienen. Serien sind für mich so etwas wie mentales Aus-dem-Fenster-schauen, mit dem Unterschied, dass zwischendurch immer mal wieder etwas Interessantes passiert, was dann doch irgendwie hängenbleibt und den Eingang in ein Buch findet. Dokumentationen nutze ich teilweise auch gezielt zur Recherche. Zum Beispiel gab es vor einiger Zeit eine super NDR-Dokumentation mit Linda Zervakis: Das Experiment – Wieviel Herdentier steckt in uns.[15] Einige der Experimente kannte ich bereits durch die entsprechenden Studien. Es war aber extrem interessant zu sehen, wie die Experimente der Forscher nachgestellt wurden und wie sie funktionierten. Dies einmal so eingängig vor Augen geführt zu bekommen, war eine ziemlich gute Inspiration. Interessant war für mich dann im Schreibprozess, dass es mir sehr leicht fiel, die

---

[15] https://www.youtube.com/watch?v=qHJR57BuGYM.

gesehenen Experimente zu beschreiben. Irgendwie fiel mir das wesentlich leichter, als Studien entnommene Versuche gut zu vermitteln. Die Kombination aus sehen, lesen und darüber schreiben hat das Ganze zusätzlich in meinem Gedächtnis verfestigt.

Was mich in der letzten Zeit, nicht nur in der Recherche zu „Die Kunst, kein Arschloch zu sein“ fasziniert, sind Dokumentationen über Donald Trump und seine Wähler. Auch wenn für meinen Geschmack ruhig mehr psychologische Hintergrundinformationen dabei sein könnten, finde ich es ungemein spannend, mir die Zusammenhänge anzuschauen. Ähnliches stelle ich gerade in Bezug auf Verschwörungstheorien rund um die Coronapandemie fest. Die menschliche Psyche und das menschliche Verhalten sind halt meine Steckenpferde. Was ist Dein Steckenpferd? Gibt es darüber Dokumentationen oder Filme? Falls Du diese Form der Inspiration noch nicht auf dem Schirm hattest, kann ich nur empfehlen, es einmal auszuprobieren.

SACHBUCHFORMEN

Wenn wir Wikipedia bemühen und einmal „Sachbuch" eingegeben, dann spuckt die Online-Enzyklopädie einen Artikel aus, in dem die verschiedenen Sachbuchgattungen gelistet sind. Nämlich die Folgenden:

- Arbeit, Beruf, Wirtschaft
- Biografie
- Computer, Informatik, Internet
- Essen und Trinken (Kochbuch)
- Freizeit und Hobby
- Geschichte
- Gesundheit, Medizin, Lebenshilfe, Ratgeber
- Kunst, Fotografie, Grafik, Musik, Film
- Nachschlagewerke wie Lexika oder Wörterbücher
- Natur, Garten, Tiere, Jagd, Wald
- Naturwissenschaft
- Pädagogik / Erziehung
- Philosophie
- Politik
- Psychologie
- Reisebücher, Atlanten
- Soziales, Armut, Reichtum
- Technik, Architektur, Handwerk
- Verkehr und Verkehrsmittel[16]

[16] https://de.wikipedia.org/wiki/Sachbuch.

Nach meiner Auffassung sind dies eher Themen für ein Sachbuch. Mit folgenden Ausnahmen: Ratgeber, Nachschlagewerke und ggf. Kochbuch. Alles andere sind für mich Themen. Warum?

Naja, ich kann einen Ratgeber für den Themenbereich Psychologie schreiben. Ich kann auch ein Nachschlagewerk für diesen Themenbereich schreiben. Beim Kochbuch wird es evtl. schon schwierig, aber ich kann mir auch vorstellen, dass jemand ein Kochbuch für die Seele schreibt. Speisen, die positiv auf die Seele wirken. Und schon habe ich ein psychologisches Kochbuch. Im Themengebiet „Geschichte“ würde dies genauso funktionieren. Die gerade so hippe Paleodiät ist für mich nichts anderes als ein Steinzeitkochbuch. Okay, ein bisschen weit hergeholt ist es schon ... Bei einem geschichtlichen Ratgeber könnte ich mir etwas vorstellen so in Richtung „Wie man früher Probleme löste“ oder „Was Oma noch wusste“. Tatsächlich gibt es im Themengebiet der Reiterei ein Buch „Was der Stallmeister noch wusste“. Da geht es genau darum. Um das überlieferte Wissen rund um das Pferd. Es gibt sogar einen ganz eigenen Komplex in diesem Zusammenhang. Nämlich Ratgeberliteratur aus vergangenen Zeiten. Teilweise werden diese neu aufbereitet ... Sehr spannend, was es im Sachbuchbereich alles gibt.

Eine sehr allgemeine Unterscheidung ist die in Sachbücher, Ratgeber und Fachbücher.

Hier wird wie folgt unterschieden:

Sachbücher sind Bücher von Experten, welche ihr Wissen weitergeben. Dabei geht es in der Regel um ein Thema, wie etwa Psychologie, Politik oder Wirtschaft. Häufig sind Sachbücher populärwissenschaftlicher Natur und bringen Laien die entsprechenden Themen näher.

Ratgeber bieten Lebenshilfe bei unterschiedlichsten Fragen. Es geht darum, den Leser dabei zu unterstützen, bestimmte Probleme zu lösen. Oft fließen die persönlichen Erfahrungen der Autor*innen in die Bücher mit ein. Je nach Autor*in helfen spezialisierte Experten oder jemand, der schon ähnliche Erfahrungen gemacht hat.

Fachbücher setzen, je nach Schwierigkeitsgrad, Wissen voraus. Alle Lehrbücher zählen zu dieser Kategorie. Je fortgeschrittener das eigene Wissen, desto anspruchsvoller das Fachbuch. Fachbücher weisen daher häufig einen hohen Spezialisierungsgrad auf. Beispielsweise gibt es allgemeine Fachbücher über Biologie, die für den Unterricht in der gymnasialen Oberstufe verwendet werden, aber auch Fachbücher über Zellforschung, welche auch wieder von sehr allgemein zu sehr spezialisiert abgestuft werden.Sachbücher und Ratgeber überschneiden sich häufig. Alle meine Bücher sind solche Mischformen. Auch dieses hier. Es gibt auch nicht zwingend eine klare Abgrenzung zwischen Sach- und Fachbüchern. Die Grenzen sind fließend.

Nach meiner Auffassung gibt es noch weitere Formen, beispielsweise das Sachbuch in Form einer Geschichte. Wie zum Beispiel „Der Mönch, der seinen Ferrari verkaufte“ von Robin S. Sharma oder „Das Pinguin-Prinzip“ von John Kotter. Im Grunde sind es Ratgeber, die in eine Geschichte gekleidet sind. Bei Sharma geht es darum, wie man sein Glück findet und Kotter erzählt eine Geschichte von Veränderung, die letztlich zum Erfolg führt. Das eine ist eher ein Lebenshilferatgeber und das andere ein Ratgeber für Führungskräfte. Beide folgen der Idee, dass Menschen am besten durch Geschichten lernen bzw. diese eher behalten. Es ist das Prinzip der Sufigeschichten, die alle eine Lernbotschaft beinhalten, die die Zuhörer in ihrer Persönlichkeit reifen lassen sollen. Eine sehr bekannte Geschichte ist:

Der Bauer und das Pferd

In einem Dorf in China, nicht ganz klein, aber auch nicht groß, lebte ein Bauer - nicht arm, aber auch nicht reich, nicht sehr alt, aber auch nicht mehr jung, der hatte ein Pferd. Und weil er der einzige Bauer im Dorf war, der ein Pferd hatte, sagten die Leute im Dorf: "Oh, so ein schönes Pferd, hat der ein Glück!" Und der Bauer lächelte und antwortete: "Keiner weiß, was gut und richtig ist?!"

Eines Tages, eines ganz normalen Tages, keiner weiß weshalb, brach das Pferd des Bauern aus seiner Koppel aus und lief weg. Der Bauer sah es noch davon-galoppieren, aber er konnte es nicht mehr einfangen. Am Abend standen die Leute des Dorfes am Zaun der leeren Koppel, manche grinsten ein bißchen schadenfreudig, und sagten: "Oh der arme Bauer, jetzt ist sein einziges Pferd weggelaufen. Jetzt hat er kein Pferd mehr, der Arme!" Der Bauer hörte das wohl und murmelte nur: "Keiner weiß, was gut und richtig ist?!"

Ein paar Tage später, sah man morgens auf der Koppel des Bauern das schöne Pferd, wie es mit einer wilden Stute im Spiel hin und herjagte: sie war ihm aus den Bergen gefolgt. Groß war der Neid der Nachbarn, die sagten: "Oh, was hat der doch für ein Glück, der Bauer!" Aber der Bauer sagte nur: "Keiner weiß, was gut und richtig ist?!"

Eines schönen Tages im Sommer dann stieg der einzige Sohn des Bauer auf das Pferd, um es zu reiten. Schnell war er nicht mehr alleine, das halbe Dorf schaute zu, wie er stolz auf dem schönen Pferd ritt. "Aah, wie hat der es gut!" Aber plötzlich schreckte das Pferd, bäumte sich aufund der Sohn, der einzige Sohn des Bauern fiel hinunter und brach sich das Bein, in viele kleine Stücke, bis zur Hüfte. Und die Nachbarn schrien auf und sagten: "Oh, der arme Bauer: Sein einziger Sohn! Ob er jemals wieder wird richtig gehen können? Wer soll ihm jetzt bei der schweren Arbeit auf dem Feld helfen? So ein Pech!" Der Bauer war sehr erschrocken, aber er sagte nur: "Keiner weiß, was gut und richtig ist?!

Einige Zeit später schreckte das ganze Dorf aus demSchlaf, als gegen Morgen ein wildes Getrappel durch die Straßen lief. Die Soldaten des Herrschers kamen in das Dorf geritten und holten alle Jungen und Männer aus dem Bett, um sie mitzunehmen in den Krieg. Der Sohn des Bauern konnte nicht mitgehen. Sein Bein war immer noch nicht ausgeheilt und es würde noch ein paar Monate dauern. Und so mancher Dorfbewohner saß daheim und sagte: "Was hat der für ein Glück!" Aber der Bauer murmelte nur: "Keiner weiß, was gut und richtig ist?!"

Und die Moral von der Geschicht...
"Keiner weiß, was gut und richtig ist?!"

„Der Salzpfad“ von Raynor Winn oder „Ich bin dann mal weg“ von Hape Kerkeling gehören auch irgendwie in diese Kategorie. Sie sind autobiografisch, enthalten aber auch eine tiefer liegende Botschaft. Und damit sind wir bei einer weiteren Form des Sachbuches: der Biografie. Auch diese wird von der SPIEGEL-Bestsellerliste unter der Rubrik „Sachbuch“ geführt. Und wie man an den Büchern von Winn und Kerkeling sieht, gibt es auch hier Unterformen. Nicole Staudinger hat in „Brüste umständehalber abzugeben“ wunderbar humorvoll über ihre Krebserkrankung geschrieben und gibt dabei Betroffenen einiges mit auf den Weg. Auch eine Möglichkeit, ein autobiografisches Sachbuch zu schreiben. Wie man unschwer erkennen kann, gibt die trockene Kategorie „Sachbuch“ dann doch eine ganze Menge her. Und die Frage ist: Welche ist Deine Kategorie?

Wovon die Kategorie Deines Sachbuches abhängt

Abgesehen von der Zielgruppe, darauf kommen wir gleich noch ausführlicher zu sprechen, hängt die Kategorie, für die Du Dich entscheidest, zum einen von Deinen Präferenzen und zum anderen von Deiner Botschaft ab. Was ist das Ziel Deines Sachbuches? Was ist die Kernaussage in einem Satz? Wenn Du das weißt, dann fällt Dir die Auswahl der passenden Kategorie sicher leichter.

Das ist natürlich eine ziemlich analytische Vorgehensweise, zugegeben. Eine Vorgehensweise, die ich selbst so bewusst noch nie gewählt habe. Obwohl ich auch nicht einfach drauflosschreibe. Ich weiß schon sehr genau, was die Kernaussage des jeweiligen Buches ist und für welche Zielgruppe ich schreibe. Aber über die Kategorie mache ich mir keine Gedanken. Trotzdem kann es sehr hilfreich sein, sich einmal kurz darüber klar zu werden, wo Du Dein Buch einsortieren möchtest. Spätestens für Dein Exposé brauchst Du das für die Beschreibung. Wenn ich so darüber nachdenke, dann mache ich mir doch schon im Voraus Gedanken darüber, denn, wenn ich ein Buch einem Verlag anbieten will, schreibe ich immer zuerst ein Exposé, bevor ich überhaupt mit dem Schreiben beginne. Das hat den Vorteil, dass ich zum einen schon meine Struktur und alles Weitere habe. Und zum anderen hat es den Vorteil, dass ich nicht alles noch einmal umstellen und umschreiben muss. Denn der Verlag redet bei Struktur und Inhalt mit. Das ist auch gut so, denn im Verlag sitzen Profis, die wissen, was funktioniert und was nicht.

Als „Montags muss ich immer kotzen“ das erste Mal im BusinessVillage Verlag erschien, redeten Lektor und Verleger ein großes Stück mit. Mit meinem Lektor geriet ich speziell bei einem Kapitel regelrecht in die Wolle und am Ende musste ich das Kapitel dann doch streichen. Bis heute glaube ich zwar, dass es sich ausschließlich um die Meinung und nicht um die professionelle Expertise des Lektors handelte, aber der Verlag hat schon das letzte Wort. Überhaupt wurde das Buch dann doch ganz anders, als ich es noch im Exposé vorgestellt hatte.

Daher war es gut, dass ich mein Baby nicht schon monatelang ausgetragen hatte und an jedes Wort mein Herzblut vergossen hatte. Auch so war es eine anstrengende, aber sehr lehrreiche Erfahrung, die mein Schreibhandwerk auf jeden Fall ein Stück nach vorn gebracht hat. Genau aus diesem Grund ist es für mich absolut essentiell, sich erst Gedanken über Inhalt, Form und Struktur zu machen, bevor es überhaupt ans Schreiben geht. Abgesehen davon erleichtert es den Schreibprozess enorm, wenn Du Dich an einem Gerüst entlang hangeln kannst. Und dazu gehört eben auch die Entscheidung für eine bestimmte Kategorie.

Natürlich hängt die Kategorie auch an dem, was Du überhaupt schreiben willst. Wenn es um einen Erfahrungsbericht geht, dann stellt sich kaum die Frage, ob Du nicht vielleicht doch eine Anleitung wie diese hier schreiben willst. Allerdings muss man auch sagen, dass einige meiner Erfahrungen hier mit einfließen. Trotzdem ist es kein Erfahrungsbericht. Denn der Schwerpunkt liegt vielmehr auf der Anleitung bzw. auf der Ratgeberschiene. Damit haben wir, aus meiner Sicht, einen ganz wesentlichen Punkt erreicht: Bei der Sachbuchkategorie geht es nicht so sehr darum, sich sklavisch an diese eine Kategorie zu halten. Vielmehr geht es darum zu schauen, wo der Schwerpunkt liegt. Diesen gilt es beizubehalten, sonst wird es im Verlaufe des Buches für den Leser schwer, Dir zu folgen.

Am Ende hängt der Schwerpunkt an Deiner ganz persönlichen Präferenz und Deiner Botschaft. Wie Du Dein Thema bzw. Deine Botschaft schärfst, haben wir ja bereits besprochen. Was am Ende Dein Lieblingsschreibstil ist bzw. wird, das erfährst Du nur durch Ausprobieren. Probieren geht über Studieren. Schreib einfach mal drei bis fünf Seiten zu dem Thema, welches Dir am Herzen liegt. Ohne Ziel, lass Dich beim Schreiben einfach treiben. Dabei geht es nicht darum, wie toll der fertige Text sein wird. Es geht darum herauszufinden, was Dir liegt und was Du gern schreibst. Eine tolle Übung, die ich in meinem Natural Leadership Blog immer wieder praktiziert habe. Dabei habe ich oft festgestellt, dass ich mir ein Thema vorgenommen habe und ganz oft bin ich dann ganz woanders gelandet. So habe ich gemerkt, dass ich einen sehr assoziativen Schreibstil habe und mit der Zeit habe ich auch gelernt, diesen so einzusetzen, dass er mich nicht nur vom Hölzchen aufs Stöckchen bringt, sondern auch, wie er mich immer wieder zum Hölzchen zurückbringt und so den Leser bei der Stange hält und das Thema interessant macht. Diese Technik nennt man übrigens Nested Loops. Da kommen wir später im Kapitel über Schreibtechniken noch zu ;)

Was ist Deine ganz persönliche Eigenart? Finde sie heraus und schaue, zu welcher Kategorie bzw. Mischform sie am besten passt. Natürlich kannst Du Dich auch zu einer anderen Kategorie zwingen, wenn Du unbedingt in dieser schreiben willst. Die Frage ist nur: Bist Du so diszipliniert diesen Zwang über 200 Seiten durchzuhalten? Spaß am Schreiben ist ein ganz wesentlicher Faktor für ein Buch. Und Spaß macht uns in der Regel das, was wir gut können.

ZIELGRUPPE

Die Zielgruppe ist einerseits das Allerwichtigste und wird doch am häufigsten vollkommen vernachlässigt. Bücher schreiben ist ja ganz schön, aber wenn sie keiner liest ziemlich überflüssig. Es sei denn, Du willst einfach nur ein Buch mit Deinem Namen darauf in Deinem eigenen Regal stehen haben und gut. Dann kannst Du die Zielgruppe getrost vernachlässigen, denn dann brauchst Du auch keinen Verlag, sondern nur eine Druckerei, die Dir Dein Buch druckt.

Allerdings gehe ich jetzt mal davon aus, dass Du veröffentlichen willst. Sonst würdest Du dieses Buch kaum lesen. Und genau an dieser Stelle wird die Zielgruppe für dieses Buch einmal geschärft: Es ist eben nicht nur für Menschen, die Spaß am Schreiben haben. Es ist für Menschen, die sich mit dem Gedanken tragen, das Ganze auch zu veröffentlichen. Darüber hinaus gibt es einen weiteren Aspekt, der die Zielgruppe weiter schärft: Es geht ausschließlich um Sachbücher. Damit trennt sich die Zielgruppe ein weiteres Mal. Trotzdem ist die Zielgruppe noch sehr groß. Denn es bleibt offen, um welche Form von Sachbuch es geht. Geht es um Bücher für Führungskräfte? Oder geht es um ein Selbsthilfebuch zum Abnehmen? Geht es um eine Autobiografie? Oder um ein autobiografisches Selbsthilfebuch? Dadurch ist die Zielgruppe sehr breit gefächert. Es können beispielsweise weibliche Führungskräfte im Alter von 35 bis 45 mit einem mittleren bis hohen Einkommen sein. Oder es können

Männer im Alter von 45 bis 55 sein, die ihre Midlifecrisis verarbeiten und einen entsprechenden Ratgeber mit ihren Erfahrungen schreiben wollen. Es können junge Mütter sein, die über die ersten Jahre mit ihrem Nachwuchs berichten möchten oder Väter, die erst im hohen Alter Vater wurden ... Die Zielgruppe ist damit, bezogen auf ihre Lebensumstände, extrem inhomogen. Eines haben jedoch alle gemeinsam: Sie wollen ein Sachbuch schreiben bzw. wollen ein Sachbuch im Verlag oder Selbstverlag veröffentlichen und wollen wissen, wie das geht. Damit definiert die Kernbotschaft dieses Buches auch seine Zielgruppe.

Ähnlich verhält es sich mit Sport- und Abnehmbüchern. Hier wird aber durchaus weiter differenziert. Beispielsweise, ob sich das Buch vornehmlich an Männer oder Frauen richtet. Eine weitere Differenzierung ist die Altersgruppe. Richtet sich das Buch an Menschen zwischen 20 und 30 oder an Menschen zwischen 40 und 50? Gute Sportprogramme sind für diese Altersgruppen und auch geschlechtsspezifisch unterschiedlich.

Bei der Ernährung sieht es übrigens ähnlich aus. Anders verhält es sich bei einem allgemeinen Buch zum Status quo der Forschung rund um das Thema Ernährung. Da sind wir dann bei dem Bestseller von Bas Kast „Der Ernährungskompass“[17]. Eines darf man bei dem Buch aber auch nicht außer Acht lassen: Bücher rund um Ernährung werden zum größten Teil von Frauen zwischen 20 und 50 Jahren mit mittlerem bis hohem

[17] Bas Kast, „Der Ernährungskompass: Das Fazit aller wissenschaftlichen Studien zum Thema Ernährung – Mit den 12 wichtigsten Regeln der gesunden Ernährung“, C. Bertelsmann Verlag; Originalausgabe, 2018.

Bildungsstand gelesen.

Gehen wir noch einmal einen Schritt zurück und schauen uns Folgendes an:

Was ist eigentlich eine Zielgruppe?

Die Zielgruppe sind die Menschen, die Dein Buch später lesen sollen bzw. werden. Natürlich schreiben wir Autoren ein Stück weit für uns selbst, aber hauptsächlich schreiben wir für unsere Leser. Ein Buch, welches nicht gelesen wird, ist kein Buch, sondern im besten Falle Dekoration. Daher ergibt sich die Frage: Für wen schreibst Du?

Zielgruppen werden allgemein in vier Kategorien unterteilt:

1. Demografie (Alter, Geschlecht, Wohnort etc.)
2. Sozioökonomie (Bildung, Gehalt, Beruf etc.)
3. Psychografie (Hobbys, Motivation, politische Ausrichtung etc.)
4. Kaufverhalten (Markenaffinität, Reaktion auf Preise, Werbung, Angebote etc.)

Mir kam es am Anfang total überflüssig vor, mir darüber Gedanken zu machen. Ich dachte mir: Wenn ich es gut finde, dann werden andere es wohl auch gut finden. Die Idee ist auch gar nicht so blöd, denn damit wäre schon mal ein Teil der Zielgruppe abgedeckt. Aber ganz so leicht ist es dann eben doch nicht. Ich lese beispielsweise nicht zwingend die Bücher, die ich schreibe ... Damit bin ich dann irgendwie doch nicht meine Zielgruppe. Ich lese in der Regel Sachbücher, die viel fachlicher ausgerichtet und/oder komplizierter geschrieben sind als meine eigenen. Ich liebe beispielsweise die Bücher von Richard David Precht oder Erich Fromm. Allerdings weiß ich auch genau, dass ich Prechts „Wer bin ich – und wenn ja wie viele" nach dem ersten Leseanlauf erst einmal ein paar Jahre beiseitegelegt habe, weil es mir anfangs zu kompliziert erschien. Vielleicht ist so unbewusst auch die Idee entstanden, populärwissenschaftliche Bücher in eine einfache, humorvolle Sprache zu kleiden.

Auch wenn ich gern mal im Feuilleton Erwähnung finden würde, für diese Zielgruppe schreibe ich aktuell einfach nicht. Ich schreibe für Menschen, die sich für psychologische Zusammenhänge interessieren, aber keine wissenschaftlichen oder philosophischen Abhandlungen lesen wollen. Damit unterscheidet sich meine Zielgruppe von der Prechts schon mal in ihren Vorlieben. Vermutlich ist auch der Bildungshintergrund ein anderer. Während Precht für eine Zielgruppe mit hohem Bildungsstandard schreibt, schreibe ich für eine Zielgruppe mit mittlerem bis hohem Bildungsstand, während der Schwerpunkt eher auf dem mittlerem Bildungsstand liegt.

Tanja Peters, Autorin, Speakerin und liebe Kollegin von mir, sagt bei ihren Speakerseminaren, dass man sich als Speaker*in überlegen sollte, für wen man genau diesen Vortrag hält. Zu welcher Person spricht man? Sie selbst hat eine Freundin vor Augen und damit ihre Zielgruppe sehr gut definiert. Mir gefällt diese Form der Zielgruppendefinition sehr, fällt sie vielen doch wesentlich leichter, als sich an den vier Kategorien entlang zu hangeln, da diese doch sehr theoretisch sind.

Zielgruppenanalyse leicht gemacht: Personae kreieren

Tanjas Definition entspricht der Persona als Zielgruppe. Was meine ich damit. Personae sind fiktive Personen, für die Du tust, was Du tust. Dabei geht es nicht speziell ums Schreiben, sondern um das Finden einer Zielgruppe im Allgemeinen. Der Vorteil: Du kannst auch mehrere Personae für ein Produkt kreieren. Und am Ende ist Dein Buch ja ein Produkt. Deine Persona zu kennen hilft Dir übrigens auch während das Schreibens. Wenn Du einmal feststeckst oder eine Schreibblockade hast, kannst Du mit Deiner Persona in den Dialog gehen und sie fragen, was sie jetzt wissen möchte. Das kann enorm helfen. Darüber hinaus hilft es Dir, einen einheitlichen Schreibstil beizubehalten, wenn Du Deine Persona oder Personae so oft wie möglich vor Deinem inneren Auge hast und praktisch für sie schreibst.

Ein Beispiel

Als Beispiel nehmen wir mein Buch „Das Geheimnis richtigen Zuhörens“. Ursprünglich für eine allgemeine Zielgruppe geplant, wurde durch den Springer Verlag, der auf Literatur für den Businesskontext spezialisiert ist, die Zielgruppe geschärft und ich habe das Buch vornehmlich für Führungskräfte geschrieben. Die sehr grob gefasste Zielgruppe wird vom Verlag wie folgt vorgegeben:

- Alter: 25 bis 65 Jahre
- Geschlecht: männlich oder weiblich, vorwiegend jedoch männlich
- Beruf: angehende Führungskraft, junge Führungskraft oder Führungskraft, Vertrieb
- Herkunft: deutschsprachiger Raum

Das schränkt die Zielgruppe zwar ein wenig ein, ist aber immer noch sehr heterogen. Somit lassen sich auch verschiedene Personae daraus entwickeln:

Nummer 1

Name: Leon Müller

Alter: 27 Jahre

Beruf: Produktmanager einer Versicherung, High Potential im Förderprogramm des Versicherers

Herkunft: Köln

Bedürfnisse: Grundlagen der Psychologie und der Kommunikation vertiefen, eingängige Sprache

Befürchtungen: Unsicher aufgrund seines Mangels an Führungserfahrung allgemein und gegenüber älteren Arbeitnehmern aufgrund seines Alters

Kontaktpunkt: Sucht über Google, Amazon, Führungspodcasts und YouTube Input zum Thema „Führung“

Zitat: „Ich bin Leon und bin im High-Potential-Programm eines großen Versicherungskonzerns und werde zur Führungskraft aufgebaut. Meine Ideen einzubringen und in einem großen Unternehmen mitzugestalten macht mir Spaß. Leistung, auch über die normale Arbeitszeit hinaus, ist für mich selbstverständlich. Mir ist bewusst, dass ich mir den Respekt der älteren Führungskräfte und Arbeitnehmer verdienen muss. Das tue ich durch Leistung. Ich merke aber auch, dass ich manchmal vor Problemen stehe, die ich durch Leistung allein nicht lösen kann."

Nummer 2

Name: Michael Berger

Alter: 43

Beruf: Führungskraft im mittleren Management bei einem großen Autokonzern

Herkunft: Hamburg

Bedürfnisse: Verbesserung seiner kommunikativen Fähigkeiten, Umgang mit Konfliktsituationen, nach Feierabend einfach zu konsumieren

Befürchtungen: Findet keinen Zugang zu einigen Mitarbeitern und kann diese schwer motivieren. Hat immer mit den gleichen Kollegen Konflikte. Aufgrund seines anstrengenden Arbeitsalltages fällt ihm die Fortbildung auf privater Ebene schwer.

Kontaktpunkt: Podcasts, Online-Artikel, Zeitungsartikel, Google

Zitat: „Ich bin Michael und Führungskraft bei einem bekannten Autohersteller. Es ist schon ziemlich aufreibend, den eigenen Mitarbeitern und der Führungsebene über mir gerecht zu werden. Außerdem gibt es ein paar Kollegen auf meiner Ebene, die ruhig mal ein Kommunikationsseminar besuchen könnten. Das macht es schwierig, meine Ideen und Projekte vernünftig durchzubringen."

Nummer 3

Name: Sabine Groß

Alter: 52

Beruf: Geschäftsführende Gesellschafterin eines mittelständischen Garten- und Landschaftsbau-unternehmens

Herkunft: Berlin

Bedürfnisse: Tieferes Verständnis für die Bedürfnisse ihrer Kunden und ihrer Mitarbeiter zu entwickeln

Befürchtungen: am Kunden vorbei zu arbeiten und damit Reputation zu verlieren. Darüber hinaus fordert der inhomogene Anspruchs- und Bildungsstand der Belegschaft flexible kommunikative Fähigkeiten.

Kontaktpunkt: Vorträge, Netzwerkveranstaltungen, Fortbildungen, Zeitungsartikel

Zitat: „Ich bin Sabine Groß und führe in dritter Generation ein Gartenbauunternehmen.
Kommunikativ muss ich mich ständig umstellen. Unsere Kunden sind vermögende Privatleute mit hohem Anspruch an Qualität und Niveau, während ein paar meiner Mitarbeiter eher ein niedriges Bildungsniveau haben. Allen zu jederzeit gerecht zu werden, ohne mich dabei zu verbiegen, ist meine Herausforderung.“

Die genannten Beispiele sind noch nicht besonders detailliert. Es fehlen Hobbies, Vorlieben und so weiter. Je detaillierter eine Persona angelegt ist, desto einfacher ist es, für sie zu schreiben. Aber nicht nur das. Am Ende hängt natürlich auch das Marketing von Deinen Personae ab, wie man an den Kontaktpunkten schon recht gut erkennen kann. Auch die Kontaktpunkte sind noch sehr ungenau angegeben. Hier werden wir die Persona im Kapitel über das Marketing und die PR weiter schärfen. Es macht allerdings durchaus Sinn, schon zu Beginn ein möglichst genaues Bild von den Leser*innen zu haben, denn je genauer Dein Bild ist, umso relevanter kannst Du für Deine Zielgruppe schreiben.

Welches Problem hat Deine Zielgruppe?

Wenn Du ein Sachbuch oder einen Ratgeber schreibst, um Deine Expertise zu untermauern, dann darfst Du Dir in jedem Fall diese Frage stellen. Denn genau diese Frage ist eine grundsätzliche Frage für Dein gesamtes Business und damit auch für die Glaubwürdigkeit Deiner Expertise. Der Autor und Trainer Georg Jocham stellt gemeinhin die Frage nach dem Schmerz des Kunden. Oder eben danach, welches Problem Du für Deinen Kunden löst. Mit einem Buch, welches Dich als Experten ausweisen soll, ist es im Grunde nicht anders. Der Leser hat ein Problem oder interessiert sich besonders für ein Thema und Dein Buch ist die Antwort. Am Beispiel von „Montags muss ich immer kotzen“ ist dieses Prinzip ganz gut nachzuvollziehen. Im Grunde sagt der Untertitel schon aus, welches Problem dieses Buch löst: „Erste Hilfe gegen Arbeitsübelkeit“. Mit anderen Worten, das Buch richtet sich an Menschen, die von ihrer Arbeit frustriert sind. Zugegeben, das ist eine sehr breite Zielgruppe, aber in diesem Fall orientiert sich die Zielgruppe am Problem. Damit fällt dieses Buch eher in die Kategorie „Ratgeber“.

Nehmen wir ein anderes Beispiel. Das Buch „Schneller Entscheidungen bekommen. Die besten und effektivsten Methoden“ von Georg Jocham. Jochams Zielgruppe ist mit Projektmanagern und Führungskräften in großen Unternehmen klar umrissen, denn das Problem, welches er adressiert, kommt in der Regel nur in solchen Positionen bzw. Unternehmen vor. Es geht um das Problem, dass man für die eigene Arbeit von irgendjemandem eine Entscheidung braucht, diese aber nicht oder nicht rechtzeitig bekommt, obwohl man Stunden mit den Entscheidungsvorlagen bzw. Erklär-ungen verbracht hat. Jocham erklärt in seinem Buch, woran dies liegt und wie man es vor allem ändern kann. Ein sehr spezielles Problem einer klar definierten Zielgruppe.

Wer nun meint, dass es ja wohl reichen würde, ein Buch zu schreiben, wie man grundsätzlich Entscheidungen bekommt, bleibt zu allgemein. Denn ein Buch, welches darauf eingeht, wie sich ein Kunde für ein Produkt entscheidet, warum sich Architekten für bestimmte Baufirmen entscheiden oder warum sich Konsumenten für eine bestimmte Automarke entscheiden, ist für Jochams Zielgruppe nicht relevant – und vor allem ist es Zeitverschwendung, es zu lesen. Es geht darum, das eigene, individuelle Problem zu lösen und möglichst schnell zum Punkt zu kommen. Gerade beim Lesen von Ratgebern und Sachbüchern ist Zeit ein relevanter Faktor. Ich suche Lösungen und/oder Ideen für meine ganz spezielle Situation. Mir geht es übrigens ähnlich: Bücher, die nicht genau auf mich und meine Bedürfnisse zugeschnitten sind, lege ich nach den ersten Seiten wieder weg.

Das ist übrigens auch der Grund, warum es in diesem Buch nicht um das Schreiben im Allgemeinen geht, sondern ausschließlich um die Kategorie „Sachbuch“ und hier im Speziellen eben Sachbücher und Ratgeber. Dieses Buch ist speziell für Menschen geschrieben, die ihre Expertise auf die Straße bringen wollen. Abgesehen davon sind diese Kategorie und Spezialisierung mit meiner Expertise deckungsgleich. Es macht überhaupt keinen Sinn, wenn ich ein allgemeines Buch über das Schreiben von Büchern schreibe und damit auch die Belletristik mit einbeziehe. Auch wenn ich mich gerade damit befasse und auf dem Weg zu einem Roman bin, habe ich doch überhaupt noch keine Ahnung davon, wie es funktioniert.

Klar könnte ich ein wenig recherchieren und daraus ein entsprechendes Kapitel erstellen, die Frage ist nur: Ist das glaubwürdig? Und vor allem: Interessiert das die Sachbuchautor*innen? Ich lehn mich jetzt mal ein wenig aus dem Fenster und behaupte: Nein. Okay, ist vielleicht nice to know, aber weiter bringt es Dich als Sachbuchautor*in in spe nicht. Denn beim Schreiben und Vermarkten von Belletristik greifen ganz andere Mechanismen. Also noch einmal: Welches Problem hat Deine Zielgruppe? Die Zielgruppe dieses Buches will wissen, wie man ein erfolgreiches Sachbuch schreibt, welches sich auch verkauft und wie man damit die eigene Expertise auf ein ganz neues Level hebt. Denn: Autorität kommt von Autor! Und als Autor kann man sich mit seinem Fachthema noch einmal ganz anders am Markt platzieren. Ich kann das aus eigener Erfahrung bestätigen.

Meine Self-Publishing-Bücher waren ein erster Schritt, aber mein erstes Buch im Verlag (das Montagsbuch), hat meine Positionierung am Markt und damit auch das Kundeninteresse noch einmal enorm gesteigert. Auf einmal war ich in der Presse präsent und hatte eine breite Aufmerksamkeit, welche ich ohne das Buch nie erreicht hätte. Und wenn genau das Deine Intention ist: Herzlichen Glückwunsch! Dieses Buch ist genau für Dich geschrieben. Das klingt vielleicht etwas vermessen. Aber treten wir einfach mal den Gegenbeweis an. Stell Dir vor, ich hätte geschrieben, dass ich mich seit Jahren mit dem Schreiben befasse und so viel darüber gelernt habe, dass ich das an Dich weitergeben möchte ... Hmmm ... Ja, passt irgendwie, wirft aber doch noch ein paar Fragen auf. Natürlich kann man erst mal los lesen, ist dann aber doch ziemlich schnell genervt und enttäuscht, wenn die eigenen

Fragen nicht beantwortet werden. Darum: Schärfe Deine Zielgruppe und stecke Dein Thema so eng wie möglich.

STRUKTUR

Wenn Du Deine Zielgruppe und deren Fragen definiert hast, geht es an die Struktur. Zugegeben, nicht die leichteste Aufgabe, denn es gibt häufig verschiedene Möglichkeiten, sich einem Thema zu nähern. Auch ich musste mich bei diesem Buch für eine bestimmte Struktur entscheiden, denn es hätte sicher auch andere Aufteilungsmöglichkeiten gegeben. Beispielsweise habe ich das Kapitel über die Zielgruppe nicht so einfach einordnen können. Es hätte auch durchaus erst im Abschnitt zum Exposé erscheinen können. Darüber hinaus hat sich mir auch die Frage gestellt, ob ich das Exposé nicht viel früher erwähnen sollte, denn in meinem tatsächlichen Schreibprozess steht nach der Idee immer gleich das Exposé. Allerdings habe ich alle anderen Informationen ja auch schon im Kopf. Ich weiß, wie ich meine Strukturen aufsetze. Ich weiß, wie ich meine Zielgruppe festlege und ich weiß auch, was ich tun muss, wenn die Worte mal nicht aufs Papier wollen ... Darum habe ich mich für die vorliegende Struktur entschieden.

Wenn es verschiedene Strukturierungsmöglichkeiten für Dein Buch gibt, dann macht es auf jeden Fall Sinn, alle Möglichkeiten einmal auszuarbeiten und dann einfach Freunde, Kollegen oder auch einen Schreibcoach zu fragen, mit welcher Struktur Du loslegen solltest. Häufig entstehen dadurch sogar noch einmal neue Strukturideen. Abgesehen davon, wenn Du planst, ein Exposé in einem Verlag einzureichen, kann es sein, dass sich die

Struktur noch einmal komplett ändert. Bei mir war es mit „Montags muss ich immer kotzen" so. Das bedeutet also auch: Wir müssen uns mit der Struktur gar nicht so schwer tun. Schau einfach, welche Struktur Dir am besten gefällt und auf geht's.

Inhaltsverzeichnis erstellen

Wenn Du Dein Buch im Verlag veröffentlichen willst, brauchst Du schon für das Exposé ein Inhaltsverzeichnis. Und das möglichst detailliert. Dabei ist eine mögliche Vorgehensweise eine Struktur zu erarbeiten, gleich zu Beginn das Inhaltsverzeichnis zu erstellen. Das bedeutet nicht, dass Du dann während des Schreibens nichts mehr ändern bzw. hinzufügen kannst. Es bedeutet, dass Du Dir gleich zu Beginn die logische Informationsreihenfolge für Deinen Leser überlegst. In diesem Moment macht es Sinn, den Informationsstand Deiner Zielgruppe bereits festgelegt zu haben.

Damit Du den Informationsstartpunkt kennst und von dort losschreiben kannst. In diesem Buch ist der Startpunkt „Noch kein Buch bzw. keinen Artikel veröffentlicht mit Schwerpunkt auf der Veröffentlichung im Verlag".

Hier einmal das ursprüngliche Inhaltsverzeichnis:

Schreiben
- Kreativität
- Motivation
- Recherche
- Routinen
- Schreibgeschwindigkeit
- Schreibblockaden
- Dran bleiben

Veröffentlichen
- Die Möglichkeiten
  - Blog
  - Self-Publishing
  - Verlag
- Verlag finden
- Exposé schreiben

Nach der Veröffentlichung
- Sichtbar werden als Autor*in
- Werbung
- PR-Arbeit

Die Intention dieser Aufteilung ist, dass die Idee für das Buch im Grunde schon steht und Du als Leser von da aus mit dem Schreiben loslegen willst. Also beginne ich genau an diesem Punkt. Im Grunde bin ich einmal den theoretischen Weg des Schreibprozesses abgelaufen und habe so die Struktur anhand des Inhaltsverzeichnisses aufgebaut. Diese Form des Aufbaus lehnt sich an die sechs

Kernfragen der Didaktik an:

1. Wofür? Verwendungssituation
2. Für wen? Zielgruppe, Bedarf
3. Wozu? Lernziel, Qualifikation
4. Was? Inhalte
5. Wie? Organisationsform, Methode
6. Womit? Wo? Medien, Lernort

Die sechste Frage können wir außen vor lassen, denn das „Womit" ist ja bereits unser Buch. Aber alle anderen Fragen sollten durchaus im Buch bzw. seiner Struktur beantwortet werden.

Auch wenn es auf den ersten Blick nicht ganz logisch erscheint, so ist die Unterscheidung in „Wofür" und „Wozu" sinnvoll. Das „Wofür" definiert die Verwendungssituation und damit auch schon ein Stück weit die Zielgruppe. Beides hängt – zumindest beim Sachbuch – fast untrennbar zusammen. Trotzdem werden die Punkte in der Theorie getrennt, um die Relevanz der einzelnen Punkte für das Schreiben eines Sachbuches zu verdeutlichen.

Das „Wofür" legt die Art des Sachbuches fest. Wofür nutzt der Leser das Buch? Wofür wird es verwendet? Dient es einfach nur der Information, weil das Thema grundsätzlich interessant ist? Dient es der allgemeinen Fortbildung? Oder soll mit dem Buch aktiv gelernt werden, im Sinne eines Übungsbuches? Ist diese Frage beantwortet, ist der erste Schritt für eine sinnvolle Strukturierung schon getan. Über das „Für wen" haben wir im Abschnitt über die Zielgruppe bereits ausführlich gesprochen. Da es aber so ungemein wichtig ist, hier noch einmal die Erinnerung: Je spezifischer die Zielgruppe vorab definiert ist, umso präziser kann später geschrieben und vermarktet werden.

Das „Wozu“ definiert im Unterschied zum „Wofür“ das konkrete Lernziel. Habe ich die Zielgruppe detailliert genug definiert, kenne ich ihren Wissenstand. Und in der Regel soll dieser nach der Lektüre des Buches ja verbessert werden. In der Didaktik unterscheidet man grob zwei Kenntnisstände: Kennen und Können. Es ist ein Unterschied, ob ich weiß, wie man ein Sachbuch schreibt oder ob ich es tatsächlich kann. Ein anderes, sehr eingängiges Beispiel: Es ist ein Unterschied, ob ich weiß, wie man Fußball spielt oder ob ich es tatsächlich kann. Das eine ist der theoretische Bereich, das andere der praktische. Dinge wirklich zu können, heißt, sie auch zu tun und zu üben. Die meisten Sachbücher, auch dieses, setzen bei dem „Wofür“ beim Kennen an. Mit anderen Worten geht es erst einmal darum, das grundsätzliche Prinzip des Sachbuchschreibens kennenzulernen.

Natürlich ist es möglich, damit auch schon loszulegen und zu schreiben. Das kommt auf den individuellen Mut- und Motivationsstand an. Bitte nicht falsch verstehen: Es ist nicht besser oder schlechter mit diesem Buch sofort loszulegen. Menschen sind einfach unterschiedlich in ihrer Art, Dinge anzugehen. Das ist auch der Grund, warum später im Buch auf das Bloggen und die Möglichkeit des Self-Publishings eingegangen wird.

Das „Wozu“ dieses Buches liegt darin, dass Du weißt, was Du tun musst, um ein Sachbuch zu schreiben. Da es verschiedene Möglichkeiten gibt, werden diese auch entsprechend beleuchtet. Zu diesem Buch wird es im nächsten Schritt verschiedene Arbeitsbücher und Seminare geben. Deren „Wozu“ wird entsprechend dem Können der Zielgruppe unterschiedlich sein. So wird es ein Arbeitsbuch und ein Seminar dazu geben, wie man überhaupt schreibt. Und es wird ein eigenes Arbeitsbuch und ein eigenes Seminar zur Struktur geben usw. Denn alle Themen, die in diesem Buch besprochen werden, haben in diesem Buch das Ziel, dass Du die Themen zunächst einmal kennst. Die vertiefenden Arbeitsbücher und Seminare dienen dann dazu, dass Du es am Ende auch kannst. Mit anderen Worten: vom Couchfußballer zum Profi.

Das „Was“ ist in diesem Fall nicht die Grundidee nach dem Motto „Was wir schreiben“, sondern vielmehr die Frage nach den Inhalten. Beim Schreiben eines Sachbuches verschwimmen das „Was“ und das „Wie“ der didaktischen Fragen, denn es geht um die Kernfrage: Wie bringe ich dem Leser mein Thema nahe. Verwende ich viele eigene Geschichten und Beispiele oder habe ich viele wissenschaftliche Studien am Start? Im angloamerikanischen Raum ist eine beliebte Form, jedes Kapitel mit einer Geschichte aus dem Leben zu beginnen, die zu dem entsprechenden Abschnitt passt. Danach wird basierend auf der Geschichte der Inhalt hergeleitet und in der Regel die vom Autor formulierte These mit Studien belegt. Am Ende jedes Kapitels gibt es dann eine Lehre, die aus Beispiel, These und Studien gezogen wird. Ein sehr schöner Aufbau, der uns Schreiberlinge davor bewahrt zu theoretisch zu werden.

Die Sternmethode bzw. Mindmapping

Die Sternmethode habe ich auf einem Speakerseminar bei meiner Kollegin Tanja Peters kennengelernt. Was diese Methode so charmant macht, ist ihr bildlicher Charakter. Tanja Peters strukturiert nach dieser Methode ihre Vorträge und gibt diese Methode an ihre Seminarteilnehmer weiter. Auch wenn es dabei „nur" um einen Vortrag geht, so kann man diese Methode genauso gut auf ein Buch anwenden. Im Zentrum steht die Kernaussage, welche der Zuhörer bzw. der Leser am Ende mitnehmen soll. Dazu ist vorher natürlich eine gründliche Zielgruppenanalyse zu machen. Diese ist Voraussetzung, damit Du am Ende nicht an Deinem Leser vorbei schreibst. Mit anderen Worten weißt Du schon, für wen Du schreibst, z. B. durch Erstellen von Personae. Hast Du diese, kannst Du mit dieser Methode loslegen.

Nehmen wir als Beispiel mein Buch „Das Geheimnis richtigen Zuhörens". Die Kernaussage des Buches ist: „Wie Du durch richtiges Zuhören Deine Kommunikation verbesserst", was ja auch schon im Untertitel klar wird. Damit ist übrigens auch klar, wofür ich die Untertitel verwende ;) Aber dazu später mehr. Meine Zielgruppe für das Buch sind Führungskräfte. Ich gehe jetzt nicht auf die unterschiedlichen Personae ein. Es reicht vollkommen aus zu wissen, dass sich das Buch an Führungskräfte richtet. Zumindest im ersten Schritt.

Der nächste Schritt der Sternmethode ist, sich zu überlegen, welche Unterpunkte ich erklären muss, damit die Zielbotschaft klar wird. Dazu schnappe ich mir ein Flipchart und schreibe zunächst die Kernthese in die Mitte des Blattes. Die Unterpunkte platziere ich als Sterne, im Uhrzeigersinn, der Reihenfolge nach um meine Kernthese. Jetzt schaue ich mir an, was es braucht, um die einzelnen Sterne zu erklären. Damit strukturiere ich die einzelnen Kapitel in Unterpunkte und fülle sie mit Leben.

Es macht Sinn, die Sterne und auch die Unterpunkte auf Post-its zu schreiben. So kannst Du die einzelnen Punkte so lange umstrukturieren, bis Du für jeden Punkt den idealen Platz gefunden hast. Das kann sich im Schreibprozess manchmal noch ändern, sollte aber nicht allzu häufig vorkommen. Je gründlicher Du an dieser Stelle vorarbeitest, umso leichter fällt es Dir später beim Schreiben.

Im Grunde ist diese Methode eine andere Form des Mindmappings. Das Mindmapping ist eine visualisierte Form eines natürlichen Denkvorganges. Oder, wenn man ein wenig gemein sein will, die „Vom-Hölzchen-aufs-Stöckchen"-Methode. Man geht von einem Punkt aus und lässt die Idee sich immer weiter verzweigen. Allerdings hält man die Vorgehensweise bzw. den Denkprozess grafisch fest. So ist es dann eben doch nicht mehr die „Vom-Hölzchen-aufs-Stöckchen"-Methode, sondern ein ziemlich mächtiges Werkzeug, um die eigenen Gedanken zu ordnen. Am Ende entsteht ein ähnliches Bild wie bei der Sternmethode.

Hier die fünf Grundbausteine des Mindmappings:

1. Die zentrale Idee (bei der Sternmethode die Kernaussage) bzw. das Hauptproblem der Zielgruppe wird in den Mittelpunkt gestellt und grafisch als Ausgangspunkt dargestellt.

2. Alle Ideen, die von diesem Punkt direkt ausgehen, werden kreisförmig um die Hauptidee angeordnet und als Zweige dargestellt.

3. Die Zweige bzw. deren Endpunkte werden wiederum benannt. Am besten mit einem Schlagwort, welches diese Ideen bzw. Themenabzweigung charakterisiert. Sie können zusätzlich mit einem Bild, welches das jeweilige Thema symbolisiert, versehen werden.

4. Von diesen Themenzweigen gehen wiederum neue Zweige ab, welche sich aus dem Oberthema ergeben.

5. Das Ganze ergibt eine Art Landkarte (Map).

Inzwischen gibt es jede Menge Online-Programme, mit welchen sehr leicht eine Mindmap erstellt werden kann. Ich für meinen Teil erstelle meine Mindmaps oder Sternenkarten am Flipchart und nutze dazu Post-its. Dabei gehe ich nicht nach der klassischen Mindmapmethode vor, sondern nutze einen Mix aus verschiedenen Methoden.

Die Post-it-Methode

Die „Post-it-Methode“ habe ich mir ausgedacht. Um ehrlich zu sein, ist sie keine Methode, sondern nur ein Tipp, der es Dir leichter macht, Deine Struktur zu erarbeiten.

Auch hier steht am Anfang die Idee, der Kerngedanke bzw. die Frage Deiner Zielgruppe. Hier befindest Du Dich aber noch auf einem normalen Blatt Papier. Darunter schreibst Du in ungeordneten Stichpunkten alles, was Dir zu dem Thema wichtig erscheint und was Du dazu sagen möchtest. Danach überträgst Du die Stichpunkte auf Post-its. Für mich ist es wichtig, nicht sofort mit Post-its zu arbeiten, da ich bei der Stichpunktsuche noch viele Überschneidungen habe und mein Hirn es einfach besser findet, die Sammlung erst einmal unordentlich ggf. für einen späteren Zeitpunkt zusammen zu haben. In der Regel scanne ich das Blatt ein und schiebe es dann in meinen Kreativprozessordner des jeweiligen Buches.

Die Post-its kannst Du nun sortieren. Welcher Punkt ist ein Kapitel und welcher ist ein Unterpunkt in einem Kapitel? Manchmal lege ich die Post-its auch auf den Boden und gehe die Punkte ab. Und schaue, ob der Weg wirklich logisch ist. Das mag etwas merkwürdig anmuten, neuere Hirnforschung hat allerdings ergeben, dass körperliche Bewegung Denk- und Kreativprozesse im Gehirn fördert. Wenn Du also genug Platz hast, warum diesen nicht nutzen. Mein kleines Büro reicht bei mir völlig aus.

Das Ganze kannst Du jetzt so lange hin- und herschieben, bis Du mit Deiner Struktur zufrieden bist.

ACHTUNG: Egal, welche Strukturierungsmethode Du wählst, halte Dich von der Perfektionsfalle fern! Es wird immer Themen in Deinem Buch geben, die nicht perfekt in das eine oder andere Kapitel passen. Und es wird Themen geben, die in jedes Kapitel passen könnten ... Entscheide Dich und dann starte durch! Während des Schreibprozesses wird sich sowieso noch einiges ändern!

SCHREIBTECHNIK

Im Grunde hatte ich nicht vor, über die verschiedenen Techniken zu schreiben, denn ich kann mich noch genau daran erinnern, wie blöde ich es damals im Deutschunterricht fand, die einzelnen Stilmittel auseinanderzunehmen. Allerdings macht es durchaus Sinn, sich kurz mit dem eigenen Schreibstil und den gewählten Stilmitteln auseinanderzusetzen. Zumindest, wenn Du sie hin und wieder gezielt für bestimmte Punkte einsetzen willst. Ich selbst schreibe eher intuitiv und schaue beim Durchlesen gezielt auf Stilmittel und Wirkung. Häufig neige ich beispielsweise dazu, zu „blumig“ zu schreiben, sodass ich später einige Metaphern und Vergleiche rauskürze.

Stilmittel im Überblick[18]

Metapher: Eines der häufigsten rhetorischen Mittel in allen **literarischen Gattungen**. Die Metapher vollzieht eine **sprachliche Bedeutungsübertragung**, das heißt, dass sprachlich zwei Bereiche miteinander verbunden werden, die eigentlich nichts miteinander zu tun haben. Beispiele: Ein Meer aus Menschen, „Ein rosenfarbnes Frühlingswetter/ Lag auf dem lieblichen Gesicht“ (Johann Wolfgang von Goethe, „Willkommen und Abschied“)

[18] https://abi.unicum.de/abitur/abitur-lernen/rhetorische-mittel-erkennen-und-interpretieren.

Vergleich: Ein Vergleich verknüpft zwei Sachverhalte durch das vergleichende „wie“. Beispiel: Sie singt **wie** eine Nachtigall.

Personifikation: Dingen, Begriffen oder Tieren werden menschliche Eigenschaften oder Fähigkeiten zugeschrieben. Das macht einen Text **bildhaft und lebendig**. Beispiel: Die Sonne lacht.

Anapher: Gleicher Satzanfang oder gleicher Satzteil. Funktionen von Anaphern sind **Strukturierung, Rhythmisierung und Verstärkung**. Beispiel: „Ja, da kann man sich doch nur hinlegen, ja, da muss man kalt und herzlos sein.“ (Bertolt Brecht, „Die Dreigroschenoper“)

Alliteration: Mindestens zwei benachbarte oder aufeinander folgende Wörter beginnen **mit dem gleichen Buchstaben**. Beispiel: Kind und Kegel; „Wir weben, wir weben“ (Heinrich Heine, „Die schlesischen Weber“). Alliterationen dienen dazu, die entsprechenden Worte besonders zu betonen oder hervorzuheben.

Tautologie: Sie drückt einen Sachverhalt doppelt aus. Beispiele: Ein kleines Baby (der Begriff Baby impliziert ja bereits, dass es klein ist), weißer Schimmel. Durch die **eigentlich unnötige Dopplung** wirkt die Tautologie verstärkend und rückt die Wichtigkeit des Gesagten in den Vordergrund.

Ellipse: Ein grammatisch **unvollständiger Satz**. Jeder Bestandteil (Subjekt, Prädikat, Objekt) kann fehlen. Eine

Ellipse stellt das Wesentliche in den Mittelpunkt, oft konzentriert sie Gefühle und Sprache. Beispiel: Gönn dir.

Chiasmus: Überkreuzung zweier ähnlicher Satzglieder. Beispiele: „Die Kunst ist lang, und kurz ist unser Leben." (Johann Wolfgang von Goethe) oder „Ich liebe die Nacht, die Nacht liebt mich." Der Chiasmus **hebt oft gegensätzliche Behauptungen hervor**.

Parallelismus: Aufeinanderfolgende Sätze haben die **gleiche Abfolge von Satzgliedern** (Subjekt, Prädikat, Objekt, adverbiale Bestimmungen). Oft werden dabei auch Wörter wiederholt, die die Parallelität verstärken. Ein Parallelismus steigert die Aussagekraft. Gegenstück ist der Chiasmus, der die Satzglieder kreuzt. Beispiele: „In deinen Küssen welche Wonne! In deinen Augen welcher Schmerz!" (Johann Wolfgang von Goethe, „Willkommen und Abschied"); „Wohnst du noch oder lebst du schon?" (IKEA Werbung)

Neologismus: Eine **Wortneuschöpfung**. Beispiele: hartzen, Smombie. Wortneuschöpfungen müssen immer im historischen Kontext gesehen werden. „Chillen" war ursprünglich auch ein Jugendwort, das inzwischen in den alltäglichen Sprachgebrauch übergegangen ist.

Rhetorische Frage: Eine **Scheinfrage**, die die Antwort bereits beinhaltet und daher nicht beantwortet werden muss. Rhetorische Fragen werden verwendet, um eine Aussage besonders nachdrücklich zu gestalten. Beispiel: Wie oft soll ich dir das noch sagen?

Klimax: In meist drei Stufen werden bei einer Klimax Wörter oder Satzteile aneinandergereiht. Sie steigern sich vom schwachen bis zum stärksten Ausdruck. Beispiel: „Ich kam, sah und siegte." (Caesar)

Antithese: Gegenüberstellung zweier gegensätzlicher Begriffe. Beispiele: „Der Wahn ist kurz, die Reu ist lang." (Friedrich von Schiller, „Die Glocke"); „Ein kleiner Schritt für mich, ein großer Schritt für die Menschheit."

Akkumulation: Eine **Anhäufung von ähnlichen Begriffen** oder Wörtern. Beispiel: Sonne, Mond und Sterne.

Onomatopoesie: Lautmalerei; eine **Nachahmung von Lauten** mit Worten. Beispiele: Wau, Miau, Muh, Piep.

Zur Klarstellung: Deinen ganz eigenen Schreibstil findest Du übrigens nur durch das Schreiben selbst. Je mehr Du schreibst, desto schneller wirst Du Deinen eigenen Stil finden. Ich hatte es an früherer Stelle bereits erwähnt: Auch wenn ich den Stil von Richard David Precht oder den Erich Fromms wahnsinnig schätze: Mein eigener Stil ist eben ein anderer und damit habe ich meinen Frieden gemacht. Das mag komisch klingen, aber es ist schon häufig so, dass wir etwas genauso oder zumindest ähnlich machen wollen, wie das, was uns gefällt. Klar, es gefällt uns ja. Manchmal ist es auch tatsächlich unser Stil oder diesem so nahe, dass es funktioniert. In vielen Fällen ist das aber nicht so. Beispielsweise beim Kleidungsstil: Mir gefallen so viele Klamotten, die ich im Leben nicht anziehen würde. Oder die mir nicht stehen. Trotzdem gefallen sie mir. Es gibt Hobbys, die ich mir echt gern ansehe, die ich aber nicht selbst ausüben würde. Fußball ist so ein Beispiel, welches für viele ganz gut nachvollziehbar ist. Wir müssen Dinge, die uns gefallen, nicht zwingend ausüben. Bei Sänger*innen hast Du das vielleicht schon mal während einer Castingshow beobachtet. Es gibt viele wahnsinnig gute Sänger*innen, die nachsingen und fast so wie die Originalinterpret*innen klingen. Das ist zwar für eine Hochzeitsfeier ganz schön, bei einer Castingshow aber schnell langweilig. Gewinnen tun in der Regel die, die die Songs auf ihre Weise interpretieren. Beim Schreiben ist es ähnlich.

Ein Tipp: Schreibe einen kurzen Text (1–2 Seiten), z. B. wie man Eier richtig kocht. Nichts Dramatisches, etwas, was Du ohne nachzudenken ausführen kannst. Dann liest Du den Text laut vor. Dabei werden Dir viele Dinge auffallen, die sich noch schräg anhören oder sich einfach noch nicht richtig anfühlen. Ich habe das mit meinen Blogartikeln für den Natural Leadership Podcast jahrelang gemacht und dabei meinen Stil entwickelt.

Der Vollständigkeit halber hier noch die Übersicht der Argumenttypen

Faktenargument: Beruft sich auf eine Tatsachenaussage. Etwas ist also so oder so. Dadurch wirkt das Faktenargument stichhaltig und richtig. Sollte allerdings geprüft werden.

Normatives Argument: Beruft sich auf allgemeine Normen und Maßstäbe. Diese können aber bei unterschiedlichen Menschen anders gesetzt sein, weshalb es mitunter nicht nachvollziehbar ist oder strittig scheint.

Autoritätsargument: Berufung auf eine Autorität in einem Bereich. Vielleicht einen Gelehrten oder den Herausgeber eines wichtigen Buches zum Thema. Allerdings finden sich zu den meisten Ansichten auch gegensätzliche Meinungen.

Analogisierendes Argument: Zieht einen Vergleich zu einem anderen Bereich des Lebens. Mitunter ist diese Parallele aber nicht einleuchtend oder eben nicht nachvollziehbar.

Indirektes Argument: Das Argument der Gegenseite wird entkräftet. Dies scheint auf den ersten Blick schlüssig, muss aber unbedingt auf Richtigkeit geprüft werden.[19]

Storytelling

Sachbücher sind schon lange keine trockenen Ansammlungen von Fakten mehr. Sie sind häufig wahnsinnig unterhaltsam geschrieben und die richtig guten Autor*-innen ziehen den Leser so in ihren Bann, dass auch das nächste Buch mit Begeisterung gekauft wird. Die Preisfrage ist: Woran liegt das? Gutes Marketing ist das eine. Aber kein noch so gutes Marketing kann Leser*-innen dazu bewegen, langweiligen Autor*innen auch ein zweites oder drittes Mal in ihre Gedankenwelt zu folgen.

[19] https://wortwuchs.net/sachtextanalyse/.

Die Frage ist nur: Wie schreibe ich einen Sachverhalt so, dass es Leser*innen fesselt und begeistert?

Eine Möglichkeit ist das sogenannte Storytelling. Dabei ist völlig dahingestellt, ob das gesamte Buch in eine Geschichte gepackt wird oder ob in verschiedenen Kapiteln immer wieder einzelne Geschichten zu dem jeweiligen Inhalt erzählt werden. Wie bereits früher erwähnt ist es im angloamerikanischen Raum üblich, den Kapiteln eine Geschichte/Story voranzustellen, die für den jeweiligen Sachverhalt steht. Im Grunde eine einfache Technik, um ein Sachbuch interessant zu machen, denn unser Gehirn interessiert sich so gut wie gar nicht für Fakten. Unser Gehirn interessiert sich für Geschichten. Ja, ich weiß, Fakten sind wichtig, gerade für ein Sachbuch. Ich behaupte ja auch nicht, dass Du diese ignorieren solltest. Aber wenn Dir jemand eine spannende Geschichte erzählt, kannst Du Dir diese vermutlich besser merken als einfache Fakten. Dabei muss es sich nicht zwingend um persönliche Geschichten handeln. Hauptsache, die Geschichte passt zum Thema.

Was ist überhaupt eine Story?

Naja, um es mal ganz platt auszudrücken: Anfang, Mitte, Ende. Ich weiß, das ist eine unglaublich doofe Beschreibung – hilft sie doch so viel wie ein Zitronendrops bei Fußschmerzen ... Hieran kann man aber schon mal sehr gut sehen, dass die Wortwahl, auch wenn sie richtig ist, nicht immer zum Ziel führt ;) Also noch einmal mit einer anderen Wortwahl:

Situation – Komplikation – Lösung

Eine Zauberformel, mit der Du auch viele andere Fragen beantworten kannst. In diesem Fall bleiben wir aber beim Storytelling.

Da es sich mit Beispielen in der Regel am einfachsten arbeiten lässt, hier ein Beispiel aus „Die Kunst, kein Arschloch zu sein“ aus dem Kapitel „Respekt Digga“:

„Ein anderes Beispiel stammt aus der Welt der Autofahrer ... Wie oft hast du einem anderen Autofahrer schon den Autofahrergruß zukommen lassen. Denn mal ehrlich, es sind doch unglaublich viele Vollpfosten auf den Straßen unterwegs, oder? Wie zum Teufel haben die überhaupt die Führerscheinprüfung bestanden? Mein Mann fragt sich das auf allen unseren gemeinsamen Autofahrten mehrmals pro Fahrt. Den Autofahrergruß verkneift er sich, aber im Kopf führt er ihn aus. Ich weiß das, denn ich sitze neben ihm und kann hören, was er sagt. Oft übrigens, auch was er denkt, denn seine Körpersprache ist auch ohne tatsächliche Ausführung der körperlichen Grußrhetorik absolut verständlich

Schatz, wenn du das liest: „Ja, es ist schon viel besser geworden und du bist auf einem guten Weg!“ ...

Für alle anderen: Das stimmt. Es war früher noch schlimmer. Das Alter beruhigt halt jeden mit der Zeit ;) Nein, im Ernst. Wir hatten beispielsweise mal eine heiße Diskussion auf der Autobahn. Mein Mann fuhr einem Kleinwagen vor uns fast an die Stoßstange, damit die

Dame am Steuer endlich merken würde, dass sie gefälligst auf die rechte Spur fahren sollte. Leider verstand sie diese Form der Anweisung überhaupt nicht und wurde sogar noch langsamer ... Das war natürlich nicht die Reaktion, die mein Mann sich erhofft hatte und er fing an, sich zurückfallen zu lassen, um dann wieder so dicht wie möglich inklusive Betätigung der Lichthupe aufzufahren. Währenddessen hatte ich den Beifahrerfußraum schon fast bis zum Asphalt durchgetreten. Mein verzweifelter Versuch, so unser Auto vielleicht doch etwas zu bremsen ... Das funktionierte nicht. Auch meinen Mann anzumotzen blieb relativ erfolglos. Bis ich auf die Idee kam, ihm aufzuzeigen, was in der Dame vor uns vor sich gehen könnte.

‚Vielleicht hat die Frau vor uns einfach Angst', sagte ich. ‚Die soll sie gefälligst auf der rechten Spur haben, die dumme Kuh. Am besten gar nicht Auto fahren ...', erwiderte mein Mann. ‚Stimmt, aber wenn sie tatsächlich Angst hat, dann geht die Angst nicht weg, wenn du ihr in den Kofferraum fährst', schlussfolgerte ich.

Es kamen noch ein paar genervte Bemerkungen und dann ließ er sich zurückfallen und siehe da, die Dame zog rechts rüber und wir konnten überholen. Ich gehe zwar davon aus, dass mein Mann ihr insgeheim doch noch den Autofahrergruß zukommen ließ, aber sei's drum.

Was hat das mit Respekt zu tun? Zunächst einmal fährt jeder Mensch nach seinen Möglichkeiten so gut Auto, wie er kann. Und das gilt es zu respektieren. Wir sind halt nicht allein auf der Straße. Und jeder Mensch mit Führerschein hat grundsätzlich das Recht, ein Auto im

Straßenverkehr zu fahren. Dabei machen Menschen Fehler. Mein Mann übrigens auch. Wäre es nicht viel einfacher und entspannter, einfach zu respektieren, dass nicht alle den gleichen Fahrstil pflegen?“

Die Geschichte hätte ich sicherlich auch nutzen können, um ein anderes Thema zu illustrieren. In diesem Fall habe ich mich für „Respekt“ entschieden, denn es ist eine Geschichte, die die meisten Menschen nachvollziehen können, obwohl es um ein kontroverses Thema geht.

Ausgangssituation: Mein Mann und ich fahren auf der Autobahn.

Komplikation: Ein anderes Auto hindert meinen Mann daran, so zu fahren, wie er will. In der Folge ändert er seinen Fahrstil so, dass es mir und vermutlich auch der Fahrerin vor uns Angst macht. Mein Mann baut Druck auf.

Auflösung: Druck hilft nicht. Erst das Herausnehmen des Drucks löst die Situation auf. Einsicht ist der erste Schritt zur Besserung.

Schau Dir einfach einmal verschiedene Geschichten an. Sie funktionieren fast alle nach diesem Muster. Beispiele gefällig? „Harry Potter“, „Friedhof der Kuscheltiere“ oder „Der Herr der Ringe“ ... Hier kommt noch die sogenannte „Heldenreise“ ins Spiel. Diese spielt für das Sachbuch nur eine Rolle, wenn Du Dich mit dem Gedanken trägst, Dein Sachbuch in Form einer Geschichte zu erzählen. Da diese Form eine Randform des Sachbuches ist, gibt es für diese

Form ein gesondertes Heft. Über die drei Hauptbausteine hinaus gibt es noch folgende Aspekte, welche eine Story zu einem guten Bestandteil Deines Sachbuches machen:

Fünf Bausteine für gutes Storytelling:

1. Die Hauptfigur, mit der sich Dein Publikum identifizieren kann.

2. Das Ziel der Story. Denn die Frage ist ja: Was sollen die Leser*innen am Ende gelernt bzw. Verstanden haben?

3. Das Problem, welches Deine Hauptfigur hindert, das Ziel zu erreichen.

4. Der Spannungsbogen aus unserem Schema: Ausgangssituation, Komplikation, Auflösung.

5. Die Auflösung ist der Lerneffekt der Geschichte.

Storys bleiben länger in Erinnerung

Experimente von Wissenschaftlern der Universität Stanford[20] zeigen, dass Geschichten bis zu 22 Mal besser erinnert werden. In ihrem Experiment ließen die Wissenschaftler ihre Studenten eine Idee präsentieren. Viele nutzten Fakten, um zu überzeugen und nur ein paar spannen eine Geschichte um ihre Idee. Die Geschichten blieben bei der späteren Befragung des Publikums jedoch

[20] https://www.youtube.com/watch?v=9X0weDMh9C4.

besser im Gedächtnis. Der Grund ist einfach: Sie berühren emotional und lassen uns schneller persönliche Anknüpfungspunkte finden.

So ging es mir beispielsweise mit Prechts „Wer bin ich und wenn ja wie viele". Ich kann mich an keine der im Buch zitierten Studien erinnern. Aber die Geschichte, wie der Titel des Buches entstanden ist, die habe ich nicht vergessen. Bei dem Titel handelt es sich um einen Ausruf eines Freundes, den dieser nach einem weinseligen Abend auf dem Heimweg tätigte. Precht, genauso weinselig, hatte sich zunächst Sorgen um den aktuellen Bewusstseinszustand seines Freundes gemacht. Nach seinem Ausruf jedoch, war Precht klar „Da geht noch was" und seine Sorgen verschwanden. Eine Geschichte, an die ich mit einigen Erfahrungen anknüpfen kann ;)

Auch wenn meine Faszination für die psychologische Forschung in meinen Büchern häufig die Oberhand gewinnt: Hängen bleiben, auch in meinen Büchern, die Geschichten. Und da ich ja für ein bestimmtes Lernziel schreibe, erinnere ich mich immer wieder daran, gute Geschichten für diesen Zweck zu finden.

Nested Loops

Nested Loops sind verschachtelte Geschichten. Die Übersetzung bedeutet so viel wie verschachtelte Schleifen oder Schlingen. Im Grunde beginnt man mit einer Geschichte oder einer Erklärung und beginnt dann eine neue, um dann wieder die erste Geschichte aufzunehmen. Frei nach dem Motto: „Da fällt mir ein ..."

Zum Beispiel: „Unser Gehirn liebt Geschichten. Und noch besser findet es Abzweigungen – die sogenannten Nested Loops. Es ist wie beim Autofahren. Hin und wieder mal von der Hauptstraße abbiegen, die Landschaft entdecken und dann wieder auf die Hauptstraße zurück: Das macht am meisten Spaß. Das hält das Hirn bei der Stange und lässt es nicht so schnell aus der Geschichte aussteigen. Es will die neue Geschichte hören, ist aber auch irritiert, dass die alte Geschichte noch offen ist und lauert darauf, dass diese Information noch kommt. Forscher glauben, dass das Gehirn so sehr auf Geschichten abfährt, weil diese einen direkten Bezug zum menschlichen Erleben haben. Wir können uns in Geschichten hinein fühlen und darum lieben wir sie so."

Das Beispiel ist ziemlich subtil. Findest Du den Nested Loop? Die erste Information/Geschichte ist, dass das Gehirn Geschichten liebt: Geschichte Nummer 1.

Die zweite Information/Geschichte ist, dass das Gehirn Nested Loops interessant findet und warum: Geschichte Nummer 2.

Dann beginnt Geschichte Nummer 1 erneut mit der Erklärung, was Forscher glauben.

Zugegeben, dieses Verschachteln ist nicht so leicht auszumachen und sehr unterschwellig. Häufig geschieht die Verwendung solcher Nested Loops auch eher automatisch, ohne groß darüber nachzudenken, ob es an dieser Stelle dem Buch dient, dieses oder jenes Stilmittel zu verwenden. Das ist auch gut so. Stilmittel zu kennen und sie bewusst einzusetzen macht an bestimmten Stellen

Sinn, an anderen kannst Du die Worte und Stilmittel getrost fließen lassen.

Eine Form des Nested Loop, die typisch für ein Sachbuch ist, habe ich bereits ein paar Mal in diesem Buch verwendet. Vielleicht kommst Du drauf? „Hierzu später mehr“ oder „Mehr dazu im Abschnitt …“ Das mache ich nicht nur, um Dein Hirn bei der Stange zu halten, sondern auch, um die Struktur des Buches nicht vollkommen zu sprengen. Damit dient der Nested Loop sogar zwei Herren: der Neugier des Lesers und der Struktur des Buches.

Eine weitere schöne Erklärung für Nested Loops ist „Vom Hölzchen aufs Stöckchen und wieder zurück zum Hölzchen zu kommen“.

Ein weiteres Beispiel: „Jeden Morgen gehe ich mit meinen Hunden spazieren. Und obwohl diese Routine jeden Morgen gleich ist, ist der Spaziergang doch jeden Morgen anders. Da fällt mir ein, ich habe noch gar nicht über Routinen gesprochen und warum sie so wichtig sind. Im Grunde sind Routinen Pausen für unser Gehirn. Es ist so routiniert darin, die Routinen auszuführen, dass es dafür wenig Energie braucht. Es muss sich kaum konzentrieren. Mit dem Hundespaziergang verhält es sich ähnlich …“ Und jetzt kommt wieder ein Teil über den Hundespaziergang … Natürlich kannst Du Nested Loops auch ankündigen. Genauso kannst Du den Ausstieg aus einem Loop mit „Wo war ich stehen geblieben“ einleiten.

Bei Vorträgen eine wunderbare Form, die Zuhörer zu fesseln, ohne dass sie es bewusst merken.

Weitere Formulierungen sind:

- „Ich schweife ab ..."
- „Ein kleiner Exkurs ..."
- „Da fällt mir ein ..."
- „Oh, das muss ich kurz erzählen ..."

Du kannst auch ganz abrupt einen Loop starten. Kreativität ist nämlich schwer zu fassen. Die Frage ist: Was ist wirklich kreativ? Eine Frage, mit der sich schon viele Wissenschaftler herumgeschlagen haben. Ähnlich wie mit den Nested Loops ... Na, hast Du es erkannt? In diesem Fall ist der Lesefluss etwas holpriger und ein „Häh?" schleicht sich in die eigenen Gedanken. Aber genau dieses „Häh?" lässt uns weiterlesen.

Mit dem Nested Loop ist es wie mit allen rhetorischen Mitteln: Einfach fließen lassen und bei Bedarf gezielt einsetzen. Die wenigsten Autoren, Dichter oder Songschreiber setzen Stilmittel zu jedem Zeitpunkt bewusst ein. „Et kütt wie et kütt" sagen die Kölner. Und die sind ein sehr weises Völkchen ;)

Gute Headlines schreiben

Zum Thema „Headlines schreiben" gehört auch, gute Buchtitel, Kapitelüberschriften und Zwischenüberschriften zu finden. Dazu ist es wichtig, sich klar zu machen, was der Job einer guten Headline ist. Eine gute Headline soll Lust auf mehr machen, aber auch zusammenfassen, worum es in dem Kapitel oder dem

Buch geht. Ob sie unterhaltsam ist, polarisiert oder nicht, das hängt vom Stil der Autor*innen ab.

Ganz am Anfang meiner beruflichen Karriere habe ich als Werbetexterin gearbeitet. Mein erster Chef hat alle Texter dazu verdonnert, jeden Tag die Bild-Zeitung zu lesen. Dabei ging es ihm nicht um den Inhalt, sondern um die Headlines. Denn genau davon lebt die Bild-Zeitung: von knackigen Überschriften. Der informative Inhalt ist Nebensache. Klar kann man sich fragen, was man davon lernen kann. Gerade in Bezug auf ein erfolgreiches Sachbuch. Schließlich lebt ein Sachbuch von seinem Inhalt. Aber das stimmt so leider nicht. Zumindest nicht, was den Verkaufserfolg betrifft. Bücher verkaufen sich über den Titel! Ob sie dann zu Ende gelesen und weiterempfohlen werden, das entscheidet der Inhalt.

Damit dürfte schon mal klar sein, wie wichtig der Titel Deines Buches ist. Und übrigens auch die Kapitelheadlines. Denn was liest Du, abgesehen vom Klappentext, beim Stöbern im Buchladen als nächstes? Oder was zeigt Amazon Dir als nächstes? Genau: das Inhaltsverzeichnis.

Selbst Richard David Prechts Bestseller „Wer bin ich – und wenn ja wieviele?“ fängt den leicht wirren Titel im Untertitel auf und zeigt dem Leser mit „Eine philosophische Reise“ wo seine Lesereise hingehen wird: in die Philosophie ...

Martin Wehrles Titel „Ich arbeite in einem Irrenhaus – Vom ganz normalen Büroalltag“ sagt den Leser*innen auch ganz klar, was sie zu erwarten haben. Und noch besser: Sie können sich damit identifizieren. Wer hat nicht manchmal das Gefühl, in einem Irrenhaus zu arbeiten. Ich hatte das in meiner Zeit in Unternehmen ziemlich häufig …

Ein Beispiel machen wir noch von der aktuellen SPIEGEL-Bestsellerliste (Juni 2020): „Sprache und Sein“ von Kübra Gümüsay. Vor dem Hintergrund der Debatte ums Gendern und dass im Herbst 2019 in den Medien sehr viel über den gezielten Einsatz von Sprache diskutiert wurde, ein Titel, der es direkt auf den Punkt bringt. Subtiler als das Irrenhaus und wesentlich eleganter als „Die Kunst, kein Arschloch zu sein“. So geht es auch. Vor allem für die Zielgruppe. Ich könnte mich irren, aber ich gehe davon aus, dass die Zielgruppe meines Buches und die von Frau Gümüsay verschieden sind …

Die Liste lässt sich endlos fortführen. Ein guter Titel und gute Headlines machen zwar noch keinen Bestseller, sie machen es aber wesentlich einfacher. Vor allem bei Erstautor*innen, die noch nicht im Verlag veröffentlicht haben. Selbst ein zweites Buch im Verlag zu platzieren ist nicht einfach, da ein Buch allein Dich noch nicht als Autor*in etabliert. Darüber hinaus machst Du es Deinen Leser*innen viel leichter, sich für Dein Buch zu entscheiden. Im Grunde sind Titel und Kapitelüberschriften das Schaufenster für Dein Buch. Wenn Du in Deinem Schaufenster zeigst, was für tolle Sachen drinnen warten, dann kommt auch jemand rein. Und das ist ja auch der Sinn Deines Buches: dass es gelesen wird. Dazu muss es im ersten Schritt aber gekauft werden …

Damit sind wir zurück bei der Bild-Zeitung. Diese wird vor allem aufgrund ihrer Titelheadlines gekauft. Okay, und wegen des Fußballteils, aber auch dieser lebt von plakativen Headlines. Die Frage ist: Warum ist das so? Weil wir Menschen Vereinfachungen lieben. Das Leben ist schon kompliziert genug. Auch das ist extrem vereinfacht, trifft es aber ganz gut. Der tatsächliche Grund ist die Faulheit unseres Gehirns. Wir sind nämlich alle denkfaule Schubladenfetischisten. Der Psychologieprofessor Daniel Kahnemann hat darüber ein exzellentes Sachbuch „Schnelles denken, langsames Denken"[21] geschrieben. Das Ganze lässt sich darauf herunterbrechen, dass unser Gehirn einer der Hauptenergieverbraucher in unserem Körper ist. Da Energie ja noch nicht sooo lange in unseren Kühlschränken nachts auf uns wartet, sondern über Jahrtausende knapp war, hat sich die Evolution ein Energiesparsystem ausgedacht: Denkgewohnheiten und Schubladen. Kahnemann unterteilt es professioneller in das System 1, welches schnell, instinktiv und emotional arbeitet, und das System 2, welches langsam, rational und logisch arbeitet. In der Werkseinstellung haben wir alle immer das System 1 am Start. Ob wir das mögen oder nicht. Einfach, weil dieses System wenig Energie verbraucht. Es greift schnell auf unsere Schubladen und Gewohnheiten zu, um Energie zu sparen. Grundsätzlich fahren wir damit ja auch nicht so schlecht, aber damit sind wir eben vor allem einfach unterwegs.

---

[21] Daniel Kahnemann, „Schnelles Denken, langsames Denken", Penguin Verlag, 2016.

Fassen wir zusammen:

System 1: Schnell, automatisch, immer aktiv, emotional, stereotypisierend, unbewusst

System 2: Langsam, anstrengend, selten aktiv, logisch, berechnend, bewusst

Warum ist das für das Schreiben wichtig? Weil wir mit unseren Titeln und Headlines System 1 ansprechen, da unser Buch sonst zum Ladenhüter wird. Denn bis System 2 anspringt, haben unsere Leser*innen in spe bei Amazon schon weiter gescrollt und haben im Buchladen unser Buch gar nicht erst in die Hand genommen. Wenn wir diese erste Hürde genommen und System 1 begeistert haben, gilt es am Anfang System 1 bei der Stange zu halten, um von hinten durch die kalte Küche System 2 zu aktivieren. Das funktioniert mit Storytelling hervorragend. Jetzt wird auch klar, warum unser Hirn Geschichten so toll findet: Sie sprechen direkt System 1 an. Merke: Wer System 1 nicht begeistert, wird System 2 nicht wecken können!

SCHREIBPROZESS

Tatsächlich ist die Aufteilung in „Schreibtechnik“ und „Schreibprozess“ eher theoretischer Natur. Am Ende fließt alles ineinander und gehört zusammen.

Aller Anfang ist schwer

Die Frage nach dem Anfang ist die Frage, die sich alle Autor*innen immer wieder stellen. Wie, wo und wann fängt man am besten an zu schreiben. Die ehrliche Antwort: Ich habe nicht die leiseste Ahnung! Okay, das ist keine kluge Antwort in einem Buch, in dem es um das Bücherschreiben an sich geht. Die klügere Antwort ist: Das ist individuell unterschiedlich. Und es kommt darauf an, wie man den Anfang definiert. Beispielsweise habe ich verschiedene Listen mit Buchideen. Ist das schon der Anfang? Vielleicht, aber in diesem Buch geht es doch eher darum, dass Du Dich für eine Idee entschieden hast und aus dieser ein Buch entstehen soll.

Es gibt verschiedene Möglichkeiten zu starten. Ich starte in der Regel damit, mir die Kernbotschaft des Buches zu überlegen. So, wie im Abschnitt über das Mindmapping beschrieben. Am besten gehen wir das Ganze einmal am Beispiel von „Die Kunst, kein Arschloch zu sein“ durch. Das Buch eignet sich dafür besonders, da die Idee für das Thema zwar von mir kam, der Anstoß, darüber ein Buch zu schreiben, kam aber von außen.

Nämlich vom Sachbuch-Cheflektor des Droemer Knaur Verlages, Florian Fischer. Florian hatte meinen Blogartikel „Die Kunst, kein Arschloch zu sein“ auf meinem Natural Leadership Blog gelesen und fand das Thema so gut, dass er mich angeschrieben hat. Der Artikel war speziell für Führungskräfte ausgelegt, die Grundidee traf aber auf jeden Menschen zu. Florian hat das erkannt und mich gefragt, ob ich mir vorstellen könnte, dazu ein Buch zu schreiben. Und ja, ich konnte :)

Jetzt war die Frage: Wie mache ich aus einem Blogartikel für Führungskräfte ein Buch für Menschen, die sich weiterentwickeln wollen? Gemeinsam haben wir geschaut, welche Bücher es aktuell auf dem Markt zu diesem Thema so gibt und welche uns gefallen. Diese habe ich gelesen bzw. die Hörbücher dazu gehört und mir dann überlegt, was die Kernbotschaft sein soll und für wen ich das Buch schreibe. Die Kernbotschaft ist der Titel, denn aufgrund meiner Erfahrungen als Coach und Führungskräftetrainerin weiß ich, dass unser Hirn uns oft ein Schnippchen schlägt, wenn wir die beste Version unserer selbst sein wollen. Das wissen aber leider die wenigsten, denn über unsere psychologische Grundkonstruktion und ihre Fehleranfälligkeit sind einfach noch viel zu viele Mythen im Umlauf.

Damit war die Kernbotschaft klar. Die nächste Frage war: Für wen schreibe ich das Buch überhaupt? Auch wenn ich wahnsinnig gern im Feuilleton erwähnt werden würde und für die entsprechende Zielgruppe am Start wäre, so liegt darin nicht meine Kernkompetenz. Was ich gut kann, ist, komplizierte Sachverhalte so zu erklären, dass jede/r sie versteht. Außerdem rede und schreibe ich gern so, wie mir der Schnabel gewachsen ist. Das ist für den hochgebildeten, anspruchsvollen Leser eher ein Affront als ein Spaß. So hat sich aus der Kernbotschaft und aus meiner Stärke die Zielgruppe erschlossen: Menschen wie Du und ich, mit mittlerem bis hohem Bildungshintergrund und starkem Interesse an Persönlichkeitsentwicklung und Psychologie.

Der nächste Schritt war die Aufteilung. Das war schon eine Herausforderung. Woher die Idee kam, mich an verschiedenen Werten entlang zu hangeln, weiß ich nicht mehr so genau. Ich glaube, es war eine Kombination aus einem Gespräch mit einer Kollegin über „Würde" und, dass Menschen, die sich nicht als würdevoll erleben, andere auch nicht würdevoll behandeln könnten und dem Buch von Alexander von Schönburg „Die Kunst des lässigen Anstands", der seine Kapitel in Tugenden aufteilt [22]. Kreativität entsteht halt nicht aus dem Nichts. Dazu gleich mehr im Abschnitt über „Kreativität".

Kombiniert mit meinen Coachingerfahrungen mit der Arbeit mit Werten wurde ein Schuh draus. So bewusst war der Vorgang nicht, aber um die Idee später vor dem Verlag zu vertreten, war es wichtig, dass ich mir die Zusammenhänge bewusst gemacht habe. Und es hat ja auch ganz offensichtlich funktioniert. Daran erkennt man, dass Schreiben in der Regel eine Kombination aus bewussten und unbewussten Vorgängen ist. Auf unbewusste Eingebungen zu warten führt eher selten zum Ziel. Meine Art zu schreiben ist eine Kombination aus Eingebungen bzw. Intuitionen und bewusst erarbeiteten

---

[22] Alexander von Schönburg „Die Kunst des lässigen Anstands: 27 altmodische Tugenden für heute", Piper; Auflage: 6., 2018.

Punkten. Du kannst natürlich Dein Buch auch komplett theoretisch erarbeiten. Das geht auch. So habe ich noch zu meiner Zeit als Werbetexterin komplexe Broschüren erstellt. Bücher schreibe ich jedoch nicht so. Für mich ist es eine Kombination aus beidem. Daher kann ich auch nichts darüber sagen, wie ein Buch komplett intuitiv, ohne vorher festgelegte Struktur oder Zielgruppe, entsteht. Selbst bei intuitiven Autoren, wie beispielsweise Tanja Peters mit ihrem Buch „Mutmuskeltraining“, standen Zielgruppe und Kernaussage zu Beginn des Schreibprozesses fest. Die Struktur ist bei Tanja während des Schreibens entstanden.[23]

Kreativität entwickeln und abrufen

Viele Menschen, denen ich begegne, glauben, sie könnten kein Buch schreiben, weil sie nicht kreativ genug seien: Ein fataler Irrtum! Halt Dich fest, jetzt kommt's: Jeder Mensch ist kreativ! Mir ist klar, dass jetzt viele denken: „Naja, dann kennst Du mich und/oder XY noch nicht.“ Der Gedanke ist verständlich, beruht aber auf einem Vorurteil, welches sich hartnäckig in unserer Gesellschaft hält. Nämlich dem Vorurteil darüber, was Kreativität eigentlich ist. Die meisten Menschen glauben, dass kreative Geister von der Muse geküsst sind und ihnen aus dem Nichts Ideen kommen. Und genau das stimmt so nicht. Das weiß sogar Wikipedia. Blöd nur, dass wir Wikipedia nicht befragen, wenn wir glauben, wir wüssten, worum es geht. So weiß Wikipedia zu berichten: „ [...] Das Wort Kreativität bezeichnet im allgemeinen Sprach-

---

[23] Anja Niekerken, Podcast „Erfolgreich schreiben“, iTunes & Spotify, 2020.

gebrauch vor allem die Eigenschaft eines Menschen, schöpferisch oder gestalterisch tätig zu sein. Falsch ist jedoch die verbreitete Vorstellung, dass Kreativität nur mit Berufen oder Tätigkeiten aus den Bereichen der bildenden Kunst und der darstellenden Kunst verbunden sei [...]"[24]

Da haben wir es schon: Kreativität hat nämlich nichts mit bildender oder darstellender Kunst zu tun, sondern damit, Ideen zu haben, egal in welchem Bereich und auf welchem Gebiet. Und es gibt keinen Menschen, der keine Ideen hat. Selbst blöde Ideen sind kreativ. Übrigens sehr schön beschrieben in „Die dreizehneinhalb Leben des Käpt'n Blaubär" von Walter Moers. Die Beschreibung, wie die Ideen im Kopf des Bollog herumwandern, ist einfach großartig. Als Exkurs kann ich jedem das Hörbuch ans Herz legen. So, worauf wollte ich eigentlich hinaus? Ach ja, auf die falsch verstandene Kreativität.

Schauen wir uns dazu an, was der Psychiater, Psychotherapeut und Professor an der Universität Heidelberg, Rainer M. Holm-Hadulla, dazu zu sagen hat. Er beschreibt in seinem Buch „Kreativität – Konzept und Lebensstil"[25] die Kreativität als einen Denkprozess, der durch die Neukombination von Bekanntem Neues erschafft. Für ihn ist die Voraussetzung die lange, intensive und hingebungsvolle Beschäftigung mit dem eigenen Fachgebiet. Mit anderen Worten: Übung und Passion. Das finden wir bei Künstlern wie Musikern oder

---

[24] https://de.wikipedia.org/wiki/Kreativität.

[25] Rainer M. Holm-Hadula, „Kreativität – Konzept und Lebensstil", Vandenhoeck & Ruprecht; Auflage: 3., unveränd. Auflage, 2007.

Malern in der Regel, denn sie sind von ihrer Kunst besessen. Hadulla bringt als Beispiel Picasso, welcher durch jahrelange Übung seine spätere Darstellungsform entwickelte und so zu Weltruhm gelangte. Wer meint, Picasso wäre ein überbewerteter Kleckser gewesen, google einfach mal das Bild „Paul als Harlekin" oder „Picasso Harlekin"– dann wird schnell klar, welche Entwicklung Picasso gemacht hat. Hadulla sagt über Picasso, dieser wäre ohne die fortwährende Beschäftigung mit der Malerei an sich nicht zu seiner kreativen Neuinterpretation und seinem eigenen Stil gekommen. Was Hadulla damit meint, ist, wer das Handwerk beherrscht und sich fortwährend damit beschäftigt, wird automatisch kreativ. Allzu oft geben wir aber zu früh auf. Wir geben auf, bevor uns die Muse küsst.

Ich habe jahrelang einen Werbefolder und einen Investitionsprospekt nach dem anderen geschrieben und dachte, dass es für ein Buch nicht reicht. Außerdem bin ich gar nicht auf die Idee gekommen, Sachbücher zu schreiben. Ein Buch zu schreiben war für mich immer ein Roman. Ideen waren zwar da, aber ich hatte keinen blassen Schimmer, wie daraus ein ganzes Buch werden sollte. Aber als ich dann anfing, wöchentliche Blogartikel zu schreiben, kam eines zum anderen und die ersten Bücher im Selbstverlag entstanden und die erste Ausgabe von „Montags muss ich immer kotzen" folgte im BusinessVillage Verlag. Mit anderen Worten: Schreiben lernt man durch Schreiben. Das ist das Handwerk. In Kombination mit exzessivem Lesen lässt sich ein eigenes Buch kaum vermeiden ;) Übrigens: In jedem Buch bzw. Kurs über das Schreiben, egal ob Roman oder Sachbuch, werden Lesen und Schreibübungen ausdrücklich empfohlen. Trotzdem habe ich lange Zeit geglaubt, dass diese Empfehlungen überbewertet wären. Ich hatte damals nicht verstanden, dass Lesen und Schreibübungen im Grunde wie das tägliche Üben eines Instruments – Deines Schreibinstruments – sind. Ich dachte, wie so viele andere auch, dass das Schreiben und die Kreativität den Menschen zufällt. Aber das stimmt nicht. Das Talent fällt einigen zu, aber Talent allein macht noch keinen Autor und keinen Meister in irgendeiner Disziplin. Das macht das Üben bzw. das Tun an sich.

Zurück zur Kreativität. Kreativ ist, aus einem alten Stil einen neuen zu entwickeln. So wie es Picasso tat. Kreativ ist aber auch, zwei Bereiche miteinander zu verbinden, die ursprünglich gar nichts miteinander zu tun hatten, und so Neues zu erschaffen. Ein schönes Beispiel aus dem industriellen Bereich ist die Lotusfarbe für Hausfassaden. Diese Farbe hat den gleichen Effekt wie ein Lotusblatt. Das Lotusblatt ist so beschaffen, dass, wenn darauf Schmutz fällt, dieser sich nicht mit der Oberfläche verbinden kann. Beim nächsten Regen wird der Schmutz daher problemlos weggespült. Da Hausfassaden schnell schmutzig werden, wäre der Lotuseffekt genau die Lösung für dieses Problem. Die Idee, diesen Effekt auf eine Farbe zu übertragen, ist kreativ. Denn es werden zwei Bereiche neu miteinander kombiniert und es entsteht ein neuer Nutzen.

Bei Sachbüchern war es früher undenkbar Geschichten und Persönliches einzubeziehen. Geschichten täten ja nichts zur Sache. Bis sich die neue Kombination immer mehr durchsetzte. Inzwischen gibt es sogar Sachbücher, die ihren Inhalt über eine Geschichte transportieren wie zum Beispiel „Das Pinguin-Prinzip“[26] oder „Das Café am Rande der Welt“[27]. Beides nicht nur Best-, sondern auch Longseller. Die Idee, ein Sachbuch in eine Geschichte zu gießen, ist kreativ. Aber auch ein „normales“ Sachbuch zu schreiben ist ein kreativer Prozess, denn Wissen wird neu kombiniert und formuliert.

Motivation: So bleibst Du motiviert

Über Motivation an sich sind ja schon jede Menge Bücher geschrieben worden. Gute und weniger gute. Die Frage ist, wie motiviere ich mich immer wieder zum Schreiben?

Eine sehr spannende Frage, über die ich mir vor dem Schreiben dieses Abschnittes nie wirklich Gedanken gemacht habe. Natürlich bin ich schon oft gefragt worden, wie ich es schaffe, immer wieder 150–300 Seiten eines Buches zu füllen. In einem Jahr, 2019, sogar gleich 2x. Und nebenher habe ich freiwillig noch diverse Zeitungs- und Blogartikel geschrieben ... Viele Menschen glauben, sie könnten das nicht. Tatsächlich habe ich vor fünf Jahren (dieses Buch schreibe ich im Frühjahr 2020) auch noch zu ihnen gehört. Ich hätte mir nicht einmal vorstellen können auch nur ein Buch zu schreiben, geschweige denn zwei, und das auch noch für große Verlagshäuser ... Was war passiert?

---

[26] John Kotter, „Das Pinguin-Prinzip: Wie Veränderung zum Erfolg führt“, Droemer HC; Auflage: 2, 2017.

[27] John Strelecky, „Das Café am Rande der Welt: Eine Erzählung über den Sinn des Lebens“, dtv, 2007.

Die Antwort ist so banal wie kitschig: Ich habe mein Herzensthema gefunden. Oder weniger kitschig formuliert: Ich habe das Thema gefunden, bei dem mir der Kittel brennt. Wie sagt man im Vertrieb so schön: Der Kittelbrennfaktor war identifiziert. Im Vertrieb, falls Du es noch nicht wissen solltest, suchen gute Vertriebler*innen nach dem Kittelbrennfaktor ihrer Kunden. Sie fragen sich, wo liegt das Problem? Wo brennt der Kittel? Und der berühmte Kittelbrennfaktor ist das Problem, welches das Produkt löst. Das ist aber nur die vordergründige Betrachtung. Brillante Vertriebler*innen wissen, dass das Problem nicht auf der Produkt-, sondern auf der Emotionsebene liegt und dieses emotionale Problem ist der tatsächliche Kittelbrennfaktor. Damit wird für das Buchthema ein Schuh draus: Welches Thema löst Deinen Kittelbrennfaktor?

Das muss nicht zwingend für jedes Buch das gleiche Thema sein, aber auf der Metaebene wird sicher ein roter Faden erkennbar sein. Bei mir ist es die Faszination darüber, wie wenig wir über unsere Hirnfunktionen und damit über Psychologie tatsächlich wissen, wie viele Denkfehler wir täglich machen und warum trotzdem alles irgendwie funktioniert. Wenn man nun einen Großteil der Denkfehler aus dem Spiel nehmen würde und ein besseres Verständnis dafür entwickeln könnte, wie wir wirklich ticken ... Nicht auszudenken, was für ein gigantisches Potential für ein ausgeglicheneres Selbst und für ein besseres Miteinander darin steckt. Das ist mein

Kittelbrennfaktor. Natürlich in Kombination mit dem Schreiben an sich. Für mich eine unschlagbare Motivationskombination. Die Frage ist, was ist Deine Motivationskombination?

Machen wir es noch einmal abstrakter und ein wenig unwissenschaftlicher, denn die nun folgende Erklärung des Begriffs „Motivation" ist eben nicht wissenschaftlich, sondern rein intuitiv.

Schauen wir uns den Begriff „Motivation" einmal an, dann kann man darin die Begriffe „Motiv" und „Emotion" entdecken. Das „Motiv" ist das Interesse bzw. die Intention. Und die Frage ist, welche Emotionen das Ganze auslöst. Dabei ist es zunächst einmal unerheblich, ob negative oder positive Emotionen ausgelöst werden. Eine „Weg-von"-, also eine Vermeidungsmotivation, kann genauso stark wirken wie eine „Hin-zu"-Motivation. Grafisch dargestellt, liegt das Motiv auf der X- und die Emotion auf der Y-Achse. Je stärker beide Parameter Richtung 100 % tendieren, umso stärker ist die Motivation.

Da viele Erstautoren unbewusst häufig nur einen der beiden Parameter am Start haben, ist das Schreiben entweder sehr zäh oder es wird gar nicht erst begonnen. Es hilft nichts, für ein Thema so richtig angezündet zu sein, dann aber keine Freude beim Schreiben zu entwickeln ... Meine Emotion ist die Freude am Schreiben. Ich finde es schon toll, wenn ich das Klappern der Tastatur höre und merke, wie die Gedanken aus mir herausfließen. Ich schreibe unter anderem einfach, um zu schreiben. So wie Läufer ja auch nicht laufen, um von A nach B zu kommen, sondern einfach weil sie gerne laufen. Skifahrer fahren ja auch nicht den Berg runter, um sich wieder am

Lift anzustellen ;) Daher ist bei mir die Emotion ganz einfach auf 100 % da ich Freude an der Arbeit an sich habe. Und da ich in der Regel über Themen schreibe, die mir am Herzen liegen, ist auch das Motiv auf 100 %. Damit habe ich es motivationstechnisch ziemlich leicht.

Jetzt ist die Frage: Warum willst Du ein Buch schreiben? Was ist Dein Motiv und was ist Deine Emotion? Es kann natürlich sein, dass Du entweder bei einem oder auch bei beiden Punkten nicht auf 100 % kommst. Beispielsweise wenn Du durch ein Sachbuch Deinen Expertenstatus ausbauen willst. Eine Vorgehensweise, die ich für absolut richtig und empfehlenswert halte. Allerdings kann es natürlich sein, dass Du zwar ein starkes Motiv, aber so gut wie keine Lust auf das Schreiben an sich hast. Das kommt vor. In diesem Moment hast Du zwei Möglichkeiten: Diszipliniert die Sache durchzuziehen, ggf. mit einem guten Schreibcoach an Deiner Seite, oder Du lässt Dein Buch von einem Ghostwriter schreiben. Wichtig ist nur, dass Du Dir darüber klar bist. Andernfalls wird es nicht nur eine zähe, sondern mit ziemlicher Wahrscheinlichkeit auch eine unvollendete Angelegenheit. Damit das nicht passiert, führe Dir immer wieder vor Augen, warum Du dieses Buch schreibst: Dein Motiv. Ein starkes Motiv kann den vielleicht nicht vorhandenen Schreibspaß mit Emotion füllen. Nämlich in der Form, dass Du Dir vorstellst, wie es wäre, das fertige Buch in den Händen zu halten. Wenn ich ehrlich bin, verliere ich auch immer mal wieder die Lust am Schreiben. Vor allem, wenn mein Lektor mich quält, und Passagen überarbeitet haben will, an die ich mein Herz gehängt habe. Mir hilft dann der Gedanke, wie ich mein Buch im Laden stehen sehe oder es auf einer

Bestsellerliste entdecke. Beides ist mir zum ersten Mal mit „Die Kunst, kein Arschloch zu sein“ widerfahren und es waren großartige Gefühle, die mich immer wieder aufs Neue motivieren. Eine wahnsinnige Emotion war auch, wie ich mein erstes Buch signiert habe. Es war gar nicht so sehr Freude, sondern eher Verwirrtheit, dass ich da gerade tatsächlich meinen Namen in ein Buch kritzle und das nicht, weil es mir gehört … Solche starken, emotionalen Bilder helfen, die Motivation hochzuhalten. Vor meinem ersten Verlagsvertrag, als ich mein erstes Exposé schrieb und daran fast verzweifelte, habe ich per Photoshop meinen Namen in eine SPIEGEL-Bestsellerliste montiert, das Bild ausgedruckt und mir sichtbar auf den Schreibtisch gestellt. Auch eine Möglichkeit, bei der Stange zu bleiben.

Eine weitere, oft unterschätzte Möglichkeit, die eigene Motivation hochzuhalten, ist, sich mit anderen Autor*innen auszutauschen. Tanja Peters und Isabelle Garcia haben das laut Erzählungen auf die Spitze getrieben. Beide hatten Abgabetermine vor sich und mussten sich zusammenreißen, um die Termine zu halten. Also haben Sie sich täglich ausgetauscht, wie viele Zeichen sie heute geschrieben haben. So ist ein kleiner Wettbewerb entstanden, bei dem die beiden Damen sich ihre Zeichen gegenseitig um die Ohren gehauen haben. Am Ende waren beide rechtzeitig fertig und es sind wunderbare Bücher daraus entstanden.[28] Es muss ja kein Wettbewerb um geschriebene Zeichen sein, aber ein Austausch mit anderen Autor*innen ist immer hilfreich, wenn es gerade mal nicht so funzt, wie es soll. Such Dir

---

[28] Tanja Peters, „Mutmuskeltraining“, dtv Verlagsgesellschaft, 2019 und Isabel Garcia, „Die Bessersprecher: Abschied von den größten Kommunikationsirrtümern“, Campus, 2018.

also Gleichgesinnte und gründe eventuell sogar einen Schreibclub. Das hilft.

Recherche: Auf den Punkt

Eine Standardfrage, die mir auf meinen Social-Media-Kanälen immer wieder gestellt wird, ist: Wieviel und wie lange soll man recherchieren, bevor man anfängt zu schreiben? Auf diese Frage gibt es keine allgemein gültige Antwort. Ich recherchiere beispielsweise so richtig erst während des Schreibens. Bevor ich mir eine Struktur überlege, lese ich in der Regel 2–3 Bücher zu dem Thema, über das ich schreiben will. Das dauert ein bis zwei Wochen. Dann erarbeite ich die Struktur meines Buches und dann fange ich an zu schreiben. Während des Schreibens schaue ich dann, wo es Sinn macht, meine Thesen mit Studien zu belegen. Genauso verhält es sich mit den Geschichten zu den einzelnen Kapiteln.

Häufig habe ich schon beim Erstellen der Struktur Geschichten zu den einzelnen Kapiteln im Kopf und ordne diese gleich zu. Bei Studien ist das eher selten der Fall. Allerdings sammele ich alle interessanten Studien und Fachartikel in einer Liste. Diese gehe ich dann beim Schreiben immer mal wieder durch und verwende dann die ein oder andere Studie daraus. Ein Fachartikel und die dazugehörigen Studien, welche ich immer wieder verwende, ist der Artikel aus der Fachzeitschrift Spektrum: „Was Macht mit uns macht“[29]. Einfach, weil mich die Zusammenhänge unglaublich beeindruckt haben

[29] Theodor Scharschmidt, „Was Macht mit uns macht“, Spektrum, 2016.

und ich das nicht für möglich gehalten hätte, dass Macht, wenn wir sie haben, einen negativen Einfluss auf unser Verhalten hat, ohne, dass wir es merken.

Tipp: Lege Dir eine Liste mit Studien und Fachartikeln an, die Dich interessieren und begeistern. Sie werden Dir später beim Schreiben gute Dienste leisten.

Die strukturierte Recherche

Aus den vorangegangenen Absätzen wird klar, auch wenn ich nicht gezielt an die Recherche herangehe, so recherchiere ich doch vorher. Das passiert aber eher unbewusst, da die Idee und das Thema über einen längeren Zeitraum heranreifen. In dem Moment, in dem ich mich entschließe, ein eigenes Buch darüber zu schreiben, habe ich meist schon einen sehr guten Marktüberblick. Daher der Tipp mit der Liste.

Eine andere Form der Herangehensweise ist ein Buchauftrag. Mehr oder weniger war das bei „Die Kunst, kein Arschloch zu sein" der Fall.

1. Schritt: Detaillierte Zielgruppenanalyse

Den Teil haben wir bereits im Abschnitt zur Zielgruppe besprochen. Wichtig ist hier noch einmal der Hinweis: Je besser Du Deine Zielgruppe verstehst, umso zielgenauer kannst Du recherchieren und schreiben.

Ein Beispiel: Wenn Du ein Buch zum Thema „Ernährung" schreiben willst, dann ist das ziemlich allgemein. Sagen wir, Du möchtest ein Buch über vegane Ernährung schreiben, dann ist das schon genauer. Aber immer noch sehr allgemein. Jetzt kommt Deine

Zielgruppe ins Spiel. Ernährt sich Deine Zielgruppe schon vegan oder nicht? Haben Sie vielleicht Vorerkrankungen, die mit veganer Ernährung geheilt oder zumindest gelindert werden können? Und wenn ja, um welche Erkrankungen handelt es sich? Oder handelt es sich um Leistungssportler, die sich bisher „normal" ernährt haben und die sich durch die Umstellung auf die vegane Kost eine Leistungsverbesserung erhoffen? Welches Vorwissen hat Deine Zielgruppe in puncto Ernährung überhaupt und, und, und ... Je spitzer Du Deine Zielgruppe definierst desto interessanter wird Dein Buch. Selbst ein Einsteigerbuch in die vegane Ernährung sollte einen Schwerpunkt setzen. Nämlich den der Ernährungsumstellung und worauf zu achten ist, damit keine Mangelerscheinungen entstehen.

2. Schritt: Lasse alles Unnötige weg

Häh? Was ist das denn für ein dämlicher Rat? So dämlich, wie er auf den ersten Blick klingt, ist er gar nicht. An dem Beispiel zur veganen Ernährung kann man es ganz gut festmachen. Wenn Du Dich für ein Einsteigerbuch entscheidest, dann lass vegane Ernährung bei Vorerkrankungen und wie gut diese helfen kann weg. Lass den Teil über vegane Ernährung für Sportler weg. Und komm nicht auf die Idee, Dich lang und breit über Tierwohl auszulassen. Warum nicht? Ganz einfach: Deine Zielgruppe greift zu dem Buch, weil sie sich bereits mehr oder weniger für einen Ein- bzw. Umstieg entschieden hat. Aus welchem Grund sie sich dazu entschieden hat, ist für Dein Buch vollkommen irrelevant. Das haben andere Bücher wie „Tiere essen" von Jonathan Safran Foer bereits vorher erledigt. Und mal angenommen, viele Deiner Leser haben ganz andere Gründe, dann könntest

Du sie mit der Tierwohlthematik auch ganz schnell vergraulen.

Nehmen wir noch ein weiteres Beispiel, damit es ganz klar wird. Ich habe hier in meinem Bücherregal von Tim Taxis das Buch „Heiß auf Kalt-akquise“[30] stehen. Ein Buch für den Vertrieb. Aber eben kein allgemeines Verkaufsbuch, sondern eines, in dem es nur um die telefonische Kaltakquise geht. Also um den Verkauf bzw. die Terminvereinbarung bei fremden Firmen, mit denen man noch keinen Kontakt hatte. Taxis geht nicht auf Mailings, Freundschaftswerbung oder Messegespräche ein. Es geht nur darum, fremde Menschen anzurufen, ihnen etwas zu verkaufen oder mit ihnen einen Termin für ein Verkaufsgespräch zu vereinbaren. Das Buch hat über 225 Seiten und lässt keine Fragen zu genau diesem Thema offen. Für alle anderen Themen rund um den Verkauf muss sich der Leser andere Bücher kaufen. Taxis wendet sich an alte Vertriebshasen und an Anfänger, denn beide Gruppen haben nach seiner Definition zwei Dinge gemeinsam: Sie haben Schiss vor der Kaltakquise und sie machen vermeidbare Fehler. Und wie man den Schiss und die Fehler los wird, das beschreibt er in seinem Buch. Nichts anderes. Er lässt alles Unnötige weg.

3. Schritt: Analysiere den Markt

Amazon sei Dank ist das ja verhältnismäßig einfach. Überlege Dir fünf bis zehn Schlagworte zu Deinem Thema und gib sie in die Amazon-Suchfunktion ein. Und dann schau mal, was bei Büchern zu dem Thema alles rauskommt. Schau Dir auch an, welche davon sich aktuell

---

[30] Tim Taxis, „Heiß auf Kaltakquise“, Haufe; 4. vollständig überarbeitete Auflage 2018 .

am besten verkaufen. Das zeigt Amazon, wenn Du auf den Titel gehst, ein Stück runterscrollst und dort findest Du den Amazon-Verkaufsrang und in welchen drei Kategorien das Buch gerade am besten läuft. Auch in den Kategorien kannst Du Dich einmal umschauen, was es alles schon zu Deinem Thema gibt. Und wieder: Mach Dir eine Liste der Titel, Autoren und Verlage. Du brauchst das Ganze später eh für Dein Exposé, wenn Du in einem Verlag schreiben willst. Was übrigens ausdrücklich zu empfehlen ist, wenn Du Dir eine Reputation in Deinem Fachbereich aufbauen willst. Ein Buch im Verlag macht einfach wesentlich mehr her, denn ein Verlag ist von Dir und Deiner Reputation bereits überzeugt. Das zählt wesentlich mehr als ein Buch im Eigenverlag. Wann es trotzdem super sinnvoll ist, im Eigenverlag ein Buch zu schreiben, dazu später mehr.

Zurück zu Deinen Rechercheergebnissen: Kopf hoch! Zu jedem Thema sind bereits viele Bücher geschrieben worden. Es geht ja auch nicht darum, das einzige Buch zu dem Thema zu schreiben. Es geht darum, ein gutes Buch, welches Deinen Lesern einen Mehrwert bietet, zu schreiben. Denn, wer sich für ein Thema so richtig interessiert, der kauft sich ja nicht nur ein Buch zu dem entsprechenden Thema und sagt dann: „So, das reicht. Mehr muss ich dazu nicht wissen ...“

Die drei bis fünf Bücher, die sich am besten verkaufen, bzw. die Dich zu Deinem Thema am meisten ansprechen, solltest Du lesen, ohne Dich davon einschüchtern zu lassen. Freu Dich, wenn die Bücher gut sind, denn gut geklaut ist besser als schlecht selbst gemacht. Aber bitte immer in Deinen eigenen Worten oder mit korrekten

Verweisen auf die Herkunft. Kein Autor hat etwas dagegen, in einem guten Buch korrekt zitiert zu werden.

Tipp: Schau Dich auf dem angloamerikanischen Markt um. Dort gibt es hervorragende Sachbücher, die nie auf dem deutschen Markt erschienen sind und die häufig eine vollkommen neue Herangehensweise an Sachthemen bieten. Auch hier gilt natürlich: Korrekt zitieren.

4. Schritt: Untermauere Dein Wissen mit Studien

Viele Dinge, die wir einmal gelernt haben, sind für uns vollkommen selbstverständlich. Ich weiß gar nicht, wie oft mein Lektor mich bei „Montags muss ich immer kotzen“ nach Quellenangaben gefragt hat, wo ich immer dachte, das sei doch Allgemeinwissen. Und noch schlimmer: Wenn ich dachte, bestimmte Dinge wären klar, dann habe ich dazu keine Studien gefunden, da es sich nur um „Trainerweisheiten“ handelte, die wissenschaftlich leider nicht haltbar waren. Hierfür empfehle ich im Vorweg gleich mal das Buch „Bullshit Busters: 21 Irrtümer und Mythen aus Vorträgen, TV und Büchern“[31] von Axel Ebert und Christoph Wirl. Da wundert man sich, womit Kolleginnen und Kollegen ungeprüft so durch die Lande ziehen. Ich habe lange Zeit übrigens auch dazugehört und finde immer noch Studien-Mythen, die ich mal fröhlich zitiert habe, es aber lieber hätte lassen sollen. Shit happens, aber wo man ihn vermeiden kann, sollte man es tun.

---

[31] Axel Ebert, Christoph Wirl, „Bullshit Busters: 21 Irrtümer und Mythen aus Vorträgen, TV und Büchern“, Goldegg Verlag, 2017.

Wichtig: Tappe nicht in die Perfektionsfalle! Fang an zu schreiben! Während des Schreibens werden Dir noch genug Recherchethemen begegnen, die Du dann recherchierst, wenn Du sie brauchst. Ganz einfach ;)

ROUTINEN

Über kein Thema ist meiner Ansicht nach so viel Unsinn geschrieben worden, wie über Schreibroutinen. Ähnlich verhält es sich übrigens auch mit dem Arbeiten im Homeoffice. Was ja eine ähnliche Selbstdisziplin erfordert. Der Unterschied ist: Wenn Du angestellt bist, dann hast Du zumindest ein wenig Druck von außen. Beim Schreiben hast Du das erst, wenn Du einen Abgabetermin hast. Sonst nicht.

Eine Grundroutine zu entwickeln ist allerdings sehr hilfreich. Hier kommt nämlich wieder unser faules Gehirn ins Spiel. Gerade wenn Du ein Schreibneuling bist. Das Gehirn findet nämlich alle Tätigkeiten besser, bei denen es sich nicht anstrengen muss. Prokrastination heißt das Zauberwort. Da hilft es, wenn Du Deinen Hintern jeden Tag zur gleichen Zeit an Deinen Schreibtischstuhl nagelst und irgendetwas für Dein Buch arbeitest. Dabei sind das schon zwei Routinen, die Du da anlegst: Uhrzeit und Arbeiten.

Mein Tipp: Fange mit einer Routine an. Es reicht zunächst, sich jeden Tag zur gleichen Zeit an den Schreibtisch zu setzen und Deine Notizen für Dein Buch durchzugehen. Mehr nicht! Warum nicht mehr? Weil dieser Teil unglaublich einfach zu schaffen ist. Der Schauspieler Tetje Mierendorf hat vor ein paar Jahren 80 Kilo (!) abgenommen und darüber ein Buch geschrieben. Um das zu schaffen – die 80 Kilo –, musste er einige

Gewohnheiten ändern. Zum Beispiel täglich Sport machen. Um das auch zu schaffen, hat er sich jeden Tag nur vorgenommen ins Fitnessstudio zu fahren und sich umzuziehen. Mehr nicht! Er hat sich sogar ausdrücklich erlaubt, danach wieder nach Hause zu fahren. Das Ergebnis war: Hinfahren und Umziehen war machbar. Und wo er schon da war und fertig angezogen, konnte er auch dableiben und Sport machen. Wichtig bei diesem Trick: Feiere den ersten Schritt. Feiere Dich, wenn Du am Schreibtisch sitzt und Deine Notizen durchgehst. Dann kommt der nächste Schritt von ganz allein.

Ob Du Dich bürofein machst oder im Schlafanzug schreibst, ist im Grunde völlig egal. Auch wenn noch so viele Ratgeber das für unglaublich wichtig halten, dass man entsprechend angezogen ist und sich so in Arbeitsstimmung versetzt. Die Frage ist nicht, ob Du richtig angezogen bist. Die Frage ist: Was versetzt Dich in Arbeitsstimmung? Dazu bedarf es ein wenig Selbstbeobachtung und Experimentierfreude. Probiere einfach aus, was Dich in Arbeitsstimmung versetzt. Wenn es Dir hilft, Dich in ein Arbeitsoutfit zu schmeißen, dann tu das. Mir ist das beim Schreiben völlig egal. Ich sitze in der Regel morgens ab 5:30 Uhr im Wohnzimmer auf der Couch und kloppe zwei bis drei Seiten in die Tasten meines Laptops. Klappt super! Dabei trinke ich meinen ersten Kaffee und wenn ich dann gegen 7:30 Uhr fertig bin, gehe ich mit meinen Hunden und vergesse mein Buch in der Regel für den Rest des Tages.

Da Ausnahmen ja bekanntlich die Regel bestätigen: Diese Zeilen schreibe ich geschniegelt und gebügelt um 17:38 Uhr in meinem Büro. Ich hatte halt gerade Zeit und

Lust und dann lege ich halt nochmal los. Auch das kommt ziemlich häufig vor, da ich es mir zur Gewohnheit gemacht habe, zusätzlich zu meiner morgendlichen Schreibroutine immer dann zu schreiben, wenn ich Lust habe. Dann lasse ich alles andere stehen und liegen und haue in die Tasten.

Fassen wir zusammen:

1. Lege Dir eine tägliche Routine zu.
2. Gehe es langsam an mit der Routine.
3. Beobachte, was für Dich funktioniert und was nicht.

Die beste Tageszeit zum Schreiben

Noch ein paar Worte zur Tageszeit. Nur, weil ich ein Frühaufsteher bin und bis ca. 12:00 Uhr mittags am besten funktioniere, komm bitte nicht auf die Idee, dass das bei Dir auch der Fall sein müsste.

In der Trainings- und Coachingindustrie kursiert diese dämliche Theorie des 5 AM Clubs. Robin Sharma hat dazu sogar ein Buch geschrieben, in dem er erfolgreiche Persönlichkeiten und deren Gewohnheiten unter die Lupe nimmt. Natürlich sind alle Frühaufsteher und Sharmas Theorie ist, dass sie auch deshalb so erfolgreich sind, weil sie die frühen Morgenstunden nutzen. Diese sind im Allgemeinen die Stunden, in denen Menschen am produktivsten sind. Frei nach dem Motto „Der frühe Vogel fängt den Wurm“. Sharmas Theorie hat leider ein paar ganz entscheidende Fehler: Er sitzt dem Confirmation Bias – dem Bestätigungsfehler – auf, denn er sucht nur nach Beispielen, die seine Theorie bestätigen. Alles andere lässt er gepflegt unter den Tisch fallen. Und die Studien, die er anführt, dass die frühen Stunden die produktivsten sind, unterscheiden nicht die Chronotypen der Studienteilnehmer. Da es im Bevölkerungsdurchschnitt den Chronotyp der Lerche, also des Frühaufstehers, unter Erwachsenen häufiger gibt als den Chronotyp der Eule, den Nachtmenschen, ist klar, warum die Morgenstunden am produktivsten sind. Würde man Eulen und Lerchen getrennt untersuchen, ergäbe sich ein anderes Bild. Im Grunde hat man 70 % Affen und 30 % Pinguine beim Baumklettern untersucht und festgestellt, dass Baumklettern einfach ist, denn 70 % der Teilnehmer konnten ganz wunderbar auf Bäume klettern ... Finde den Fehler.

Warum reite ich auf diesem Thema rum? Weil es für Deine kreative Arbeit wichtig ist, dass Du Deinen Chronotyp kennst. Es ist wichtig, dass Du weißt, wann Du – und nicht irgendein Hanswurst – am produktivsten bist. Und genau diese Zeit solltest Du, wenn möglich, für Deinen Schreiprozess nutzen. Probiere es einfach aus. Schreibe zu verschiedenen Zeiten eine Seite zum Beispiel über den Haarausfall bei Regenwürmern und Du wirst sehen, wann es Dir am leichtesten fällt.

Oder Du machst den Chronotest des Leibniz-Instituts für Arbeitsforschung an der TU Dortmund:

https://www.ifado.de/fragebogen-zum-chronotyp-d-meq/

Wenn Du dann Deine Zeit gefunden hast, dann hältst Du Dich daran. Und wenn Du, wie ich, just in diesem Moment Lust hast, zu einem anderen Zeitpunkt zu schreiben: Auf geht's. Das heißt aber nicht, dass Du Deine normale Routine ausfallen lässt. Zusätzliche kreative Ergüsse sind vor allem eines: zusätzlich.

Platz: Räume beeinflussen Deine Gedanken

Dein Schreibplatz kann wichtig sein, muss er aber nicht. Bei mir sind Platz und Uhrzeit übrigens miteinander verschmolzen. In unserem Alltag, wenn mein Sohn Schule hat, klingelt mein Wecker nämlich um 5:20 Uhr und ich mache meinem Kind Frühstück. Da er morgens keine Lust mehr auf Gespräche mit Mutti hat, nimmt er sein Frühstück mit in sein Zimmer und ich habe Zeit zum Schreiben. Selbst wenn er Ferien hat und wir nicht unterwegs sind, behalte ich diese Routine bei. Natürlich ohne das arme Kind zu wecken.

Mein Platz ist dann im Wohnzimmer mit meinem Laptop auf dem Schoß. Ich käme nie auf die Idee, in diesem Moment in mein Büro zu gehen. Keine Ahnung, warum nicht. Ist einfach so. Wenn ich außerhalb dieser Routine schreibe, sitze ich entweder auf der Couch oder im Büro oder in unserem VW oder davor ... Da habe ich keine Präferenzen. Ähnlich wie bei meinem Schreiboutfit.

Es gibt kein Richtig und kein Falsch. Auch hier gilt wieder: Was hilft Dir, um ins Schreiben zu kommen?

Stephen King beschreibt in seinem Buch „Das Leben und das Schreiben“[32] seinen Schreibplatz sehr eindringlich und wie wichtig dieser Platz für ihn ist. Ein Buch, welches ich sehr empfehlen kann, denn man bekommt eine Idee davon, wie King es macht. Auch er hat, wie vermutlich alle Autoren, seine ganz eigene Herangehensweise.

Probiere auf jeden Fall aus, welcher Platz Dir beim Schreiben guttut oder ob es egal ist. Wichtig ist, dass Du Dich selbst beobachtest und hilfreich sind Notizen darüber. Wenn Du merkst „Hey cool, läuft gerade richtig gut“ dann mache Dir gleich danach Notizen zu Uhrzeit, Platz, Deinem Outfit und was sonst noch besonders war. Dann schau, ob diese äußeren Umstände sich auf Deinen Schreibfluss positiv auswirken. Wenn ja: Weiter so.

Übrigens, es gibt auch ziemlich viele Autoren, die ihre Bücher diktieren und dabei durch die Gegend laufen. Der Verkaufstrainer Dirk Kreuter erzählte mir einmal, dass er ein Buch auf einem Sportplatz im Urlaub diktiert hat. Er sei morgens, bevor es so richtig heiß wurde, auf den Sportplatz gegangen und dort beim Diktieren immer auf und ab gegangen.

Du merkst: Es gibt nicht DEN Platz oder DIE Technik. Es gibt jede Menge. Wichtig ist, dass Du Deine für Dein Buch findest.

---

[32] Stephen King, „Das Leben und das Schreiben: Memoiren“, Heyne Verlag, 2011.

Schreibgeschwindigkeit: Finde Deinen Rhythmus

Wenn Du bis hierhin durchgehalten hast, dann wirst Du es sicher schon ahnen: Es gibt keine richtige oder gute Schreibgeschwindigkeit. Zumindest nicht in Bezug auf die Qualität eines Buches. Es gibt Bücher, auch Sachbücher, die sind über viele Jahre hinweg entstanden und wieder welche, die sind in kürzester Zeit entstanden.

Beispielsweise soll Daniel Kahnemann an seinem Weltbestseller „Schnelles Denken. Langsames Denken“ über mehrere Jahre geschrieben und ihn immer wieder weggelegt haben. Das Gegenteil ist bei dem Buch „Quarantäne“[33] von Anselm Grün der Fall. Innerhalb von insgesamt drei Wochen hat er mit seinem Verlag während der Corona-Quarantäne im Frühjahr 2020 das 96 Seiten starke Taschenbuch geschrieben und veröffentlicht. Gehen tut also alles. Natürlich hing die Idee des Buches von Grün am Zeitgeschehen und hatte damit nur ein sehr kurzes Zeitfenster, um auf den Markt zu kommen. So war die Schreibgeschwindigkeit festgelegt. Bei Kahnemann war dies nicht der Fall.

Egal, ob Du schnell oder langsam schreiben willst oder musst, ein guter Tipp ist, dass Du Dir eine Schreibroutine zulegst. Das habe ich ja bereits geschrieben, kann aber gar nicht oft genug wiederholt werden.

Deine Schreibgeschwindigkeit hängt natürlich auch von Deinem Abgabetermin ab. Das heißt, wenn Du einen

---

33 Anselm Grün, „Quarantäne! Eine Gebrauchsanweisung: So gelingt friedliches Zusammenleben zu Hause“, Verlag Herder, 2020.

Vertrag mit einem Verlag hast, dann ist Dein erster Abgabetermin festgelegt. Ich persönlich rechne dann einfach rückwärts, wie viel ich pro Tag schreiben muss, um zum Abgabetermin fertig zu sein. Dabei rechne ich zwei Wochen Puffer ein. Das ist für mich ein sehr gutes Zeitfenster. Darüber hinaus weiß ich inzwischen aus Erfahrung, dass ich zwei bis fünf Computerseiten pro Tag vollkommen problemlos schreiben kann. Rechnen tue ich in meinem Fall daher mit drei Computerseiten.

Für „Die Kunst, kein Arschloch zu sein“ hatte ich Anfang August den Abgabetermin. Da wir im Juli drei Wochen in den Urlaub fahren wollten, habe ich mein Schreibziel selbst einen Monat vorverlegt, da ich im Urlaub nicht schreiben wollte. Das hat auch tatsächlich geklappt. Zwei Monate habe ich jeden Morgen zwei bis drei Computerseiten geschrieben, sodass am Ende ein Buch mit 208 Seiten dabei rauskam.

Erfahrene Sachbuchautoren, die, wie ich, neben ihrer eigentlichen beruflichen Tätigkeit schreiben, gehen auch von ca. drei Computerseiten pro Tag aus. Selbst Autoren, die sich ein paar Wochen Auszeit zum Schreiben nehmen, setzen nicht mehr als fünf Computerseiten pro Tag an.

Eine kleine Anekdote am Rande von meiner lieben Kollegin Tanja Peters, der Autorin von „Mutmuskeltraining“[34]. Tanja hatte ihren ersten Buchvertrag bereits in der Tasche und dachte: „Dann fahre ich mal ein verlängertes Wochenende in die Eifel und schreib mal eben mein Buch.“ Sie hat gedacht, die Kolleginnen, die

---

[34] Tanja Peters, „Mutmuskeltraining“, dtv Verlagsgesellschaft, 2018

erzählen, dass sie mit so zwei bis fünf Buchseiten pro Tag gut vorankämen, spinnen. Nach ihrem Wochenende in der Eifel hatte Tanja fünf Seiten zusammen und die Erkenntnis gewonnen, dass sie wohl doch nicht in drei Wochen ihr Buch schreiben würde. Eine Geschichte, die sie bei ihren Lesungen so erzählt, dass kein Auge trocken bleibt.

Einmal zum Vergleich:

Computerseite (Helvetica, 11 Punkt)
ca. 600 Wörter
ca. 3000 Zeichen (inkl. Leerzeichen)

1 Normseite
30 Zeilen mit 60 Anschlägen
1800 Zeichen (inkl. Leerzeichen)

„Die Kunst, kein Arschloch zu sein" habe ich mit rund 57.000 Wörtern und rund 310.000 Zeichen inkl. Leerzeichen abgegeben.

Eine gute Übung, um die eigene Schreibgeschwindigkeit zu testen, ist, sich ein Sachthema zu suchen und darüber jeden Tag eine Woche lang zu schreiben. Dabei geht es nicht so sehr darum, einen strukturierten Aufsatz zu schreiben. Es geht darum zu schauen, die eigene Schreibgeschwindigkeit kennenzulernen. Einfach mal drauflos zu schreiben und zu schauen, wie viele Wörter einem problemlos am Tag aus den Fingern purzeln.

Und eines noch: Alles andere bringt die Erfahrung. Solltest Du beispielsweise gleich bei einem Verlag schreiben, dann mach Dir keine Sorgen. Die wissen auch, dass Du Erstautor*in bist und unterstützen Dich entsprechend.

Schreibblockaden auflösen

Die Angst vor dem leeren Blatt Papier ist legendär. Man sitzt vor seinem Rechner und der Cursor blinkt, erst erwartungs- und später vorwurfsvoll ... Aber es passiert nix ...

Warum ist das so? Natürlich gibt es die verschiedensten Gründe dafür. Ich habe für Dich zwei mögliche Ursachen, die sehr häufig vorkommen, zusammengefasst.

1. Bewusster und unbewusster Psychoterror
Das klingt dramatischer, als es sich manchmal anfühlt. Denn oft begleitet uns unbewusst die Angst zu versagen. Das fühlt sich dann nicht terrormäßig an, kann sich aber entsprechend aufblasen. Häufig steckt Ergebnisdruck dahinter. Wer in einer bestimmten Zeit eine bestimmte Anzahl von Wörtern liefern soll, gerät schon mal unter Druck. Vor allem, wenn es gut werden soll. Mangelnde oder negative Erfahrungen machen den Terrorcocktail komplett.

2. Zu viel oder zu wenig Fleisch am Knochen
Zu viel ist genauso blöd wie zu wenig Informationen, um mit dem Schreiben zu beginnen. Wer am Anfang zu viele

Informationen gesammelt hat, sieht oft vor lauter Wald die Bäume nicht mehr und weiß nicht, wo am besten anzufangen ist. Bei zu wenig Informationen weiß man auch nicht, was man schreiben soll. Man hat das Gefühl, es ist doch alles mit einem Satz gesagt.[35]

Was aber nun tun, wenn wir mitten in so einer blöden Blockade hocken.

Hier ein paar Tipps:

1. Planung Wer plant, ist klar im Vorteil!
Einfach draufloszuschreiben funktioniert für die wenigsten Autoren. Selbst Romanautoren sind in der Regel akribische Planer. Jo Nesboe soll seine Geschichten so detailliert planen, dass seine Exposés fast so lang sind wie seine Romane selbst.

Für ein Sachbuch gilt: Formuliere Dein Ziel. Was soll der Leser am Ende mitnehmen. Dann schaust Du Dir die Informationen an, die Du bereits hast und sortierst diese entsprechend. Im Grunde ist es die Struktur, die wir bereits besprochen haben. An dieser kannst Du dann entlang schreiben.

2. Wechsle den Ort!
Wenn Dir an Deinem Schreibplatz nichts einfällt: Pack Deinen Laptop ein und geh woanders hin. Dabei ist es ganz egal, ob Du auf den Balkon, die Terrasse oder ins

---

[35] Jochen Mai, „Schreibblockade: 13 Tipps gegen Schreibhemmungen“, karrierebibel.de, 2008.

Café gehst. Ein neuer Ort kann Dich auf neue Gedanken bringen.

3. Fang einfach mittendrin an!
Manchmal findet man den Einstieg einfach nicht. Der erste Satz will einfach nicht kommen oder es gibt 1000 Möglichkeiten ... Dann steig einfach dort ein, wo Dir gerade etwas dazu einfällt. „Das Geheimnis richtigen Zuhörens“ habe ich auch nicht linear geschrieben. Ich habe immer da angesetzt, wo mir etwas zu eingefallen ist. Das Gehirn arbeitet nicht logisch oder linear. Oft kommen wir vom Hölzchen aufs Stöckchen. Warum das nicht einfach ausnutzen? Am Ende kannst Du alles miteinander verbinden und Doppelungen eliminieren.

4. Erst schreiben, dann redigieren!
Go with the flow! Lass dem Schreibfluss erst einmal seinen natürlichen Lauf. Überprüfen und Feilen kommt später. Wer gleich am Anfang auf Perfektion aus ist und immer wieder überarbeitet und verbessert, wird nicht über das erste Kapitel hinauskommen.

5. Ablenkungen ausschalten!
Schreiben ist ein konzentrierter Prozess. Jeder Anruf, jede E-Mail und jede andere Unterbrechung ist genau das: eine Unterbrechung des Schreibflusses. Früher oder später versiegt der Fluss oder das Ergebnis ist nicht das, was Du Dir vorgestellt hast. Das ist einer der Gründe, warum ich meistens morgens schreibe, wenn alle noch schlafen oder gerade aus dem Haus sind und das Tagesgeschäft noch nicht begonnen hat.

6. Mach mal Pause!
Je nachdem, welche Studie man befragt, kann unser Gehirn zwischen 30 und 90 Minuten am Stück konzentriert arbeiten. Das hängt sicher auch damit zusammen, wie geübt es im konzentrierten Arbeiten ist. Wird die Zeit überschritten, sind die Ideen auf einmal ausverkauft. Dann gilt es, die kreativen Batterien wieder aufzuladen. Ein Spaziergang, Sport, Garten- oder Hausarbeit wirken Wunder. Frische Luft ist auch ein Allheilmittel.

7. Freies Assoziieren
Nimm Dir einen Begriff aus Deinem Buch. In meinem Fall z. B. Zuhören. Jetzt schreibst Du alles auf, was Dir dazu einfällt. Ohne es zu bewerten. Es ist egal, ob es Personen sind oder Dinge, die mit dem Zuhören überhaupt nichts zu tun haben. Schau einfach mal, wohin Dich das führt. Häufig platzt dabei der eine oder andere Knoten im Kopf.

8. Lesen
Schau Dir an, wie andere das Thema angegangen sind. Oder lies einfach etwas ganz anderes. Beides kann helfen, sich der eigenen Thematik wieder zu nähern.

9. Warm schreiben
Es ist wie beim Sport. Jede Einheit beginnt mit dem Aufwärmen. Auch das kann beim Schreiben helfen. Schreibe einfach als Erstes einen Text über das, was Dich gerade bewegt oder was Du heute Morgen zum Frühstück gegessen hast und warum. So groovst Du Dich ein und verlierst die Angst vor dem leeren Blatt.

10. Druck aufbauen

Manche Menschen brauchen den Druck von außen um produktiv zu werden. Wenn das nicht von selbst passiert, dann baue selbst Druck auf. Du kannst Dich beispielsweise jeden Abend mit anderen Autor*innen austauschen, wie viel diese heute geschrieben haben. Oder Du kannst jemanden bitten, jeden Abend abzufragen, wie viel Du geschafft hast. Oder Du setzt Dir eine tägliche Zielmarke und bewegst Dich nicht vom Fleck, bevor Du diese erreicht hast. Toilettenpausen natürlich ausgenommen ;) Das sind schon mal ein paar sehr gute Möglichkeiten, wie Du in den Schreibflow kommst. Manchmal ist man aber auch einfach nur unglaublich uninspiriert. Mein Gehirn fühlt sich dann an wie nasse Watte. Nichts funktioniert so, wie es soll. Der englische Begriff „dull“ trifft es bei mir am besten. Wenn ich dieses Dull-Gefühl habe, habe ich für mich ein paar Möglichkeiten gefunden, wie ich die Hirnwatte wieder trocknen und komplett wegpusten kann.

Inspirationstipps gegen Schreibblockaden:

- Einen Spaziergang machen
- Duschen – unter der Dusche habe ich die besten Ideen
- Etwas machen, was nichts mit dem Schreibprozess zu tun hat
- Meinen Mann fragen
- Eine Freundin* fragen • Eine Kollegin* fragen
- Meine Hunde fragen – die helfen nicht direkt weiter, gucken aber sehr niedlich
- Ein wertschätzendes Selbstgespräch führen
- Die Zwei-Stuhl-Technik anwenden

- Einen Blogartikel zum Thema lesen
- Einen Zeitungsartikel lesen, der mich eigentlich nicht interessiert
- Recherchieren
- Überlegen, was der ursprüngliche Auslöser für das Buch war und wie dieser zum aktuellen Kapitel passt
- Assoziativ schreiben
- Ein Glas Wein trinken
- Morgen weitermachen
- Sofort schreiben, wenn mir etwas einfällt etc.

Und weil's so schön war, kommen hier die Tipps gegen Schreibblockaden von Jochen Mai aus seinem Karrierebibel-Artikel „13 Tipps gegen Schreibhemmungen":

- Putzen Sie Ihre Zähne mit der nicht-dominanten Hand.
- Lesen Sie zuerst einen Zeitungsteil, den Sie normalerweise gleich zur Seite legen.
- Fahren Sie einen anderen Weg zur Arbeit als sonst.
- Nutzen Sie dazu ein anderes Transportmittel als üblich.
- Hören Sie einen anderen Radiosender.
- Benutzen Sie die Treppe statt des Aufzugs.
- Beginnen Sie dabei ein Gespräch mit einem Kollegen, mit dem Sie sich nie unterhalten.
- Sortieren Sie Ihren Desktop neu.
- Verändern Sie den Bildschirmhintergrund.
- Nutzen Sie einen anderen Browser.
- Lesen Sie ein Blog über ein Thema, mit dem Sie sich sonst nicht beschäftigen.
- Schreiben Sie jemandem eine E-Mail, den Sie schon lange nicht mehr kontaktiert haben.
- Gehen Sie mittags spazieren.

- Bestellen Sie mittags ein Gericht, das Sie noch nie gegessen haben.
- Fragen Sie einen Fremden um Rat.
- Lesen Sie ein Buch zu einem Thema, über das Sie noch nie etwas gelesen haben.
- Wenn Sie einkaufen: Gehen Sie in ein Geschäft, in das Sie noch nie gegangen sind.
- Gehen Sie zu einer anderen Zeit nach Hause als sonst.
- Malen Sie ein Bild.
- Sehen Sie sich einen Film an, aber in einer Fremdsprache.

Perfektionismus vermeiden

Grundsätzlich ist Perfektionismus nichts Schlechtes. Wir alle wünschen uns perfektionistische Chirurg*innen, wenn wir auf einem Operationstisch liegen. Und wir sind auch nicht böse, wenn Pilot*in und Co-Pilot*in vor unserem Urlaubsflug ihre Checkliste akribisch durchgehen. Blöd wird es genau dann, wenn die Chirurg*innen uns nicht wieder zunähen wollen, weil sie alles zehnmal durchchecken wollen. Oder wenn der Urlaubsflieger nicht abhebt, weil die Checkliste wieder und wieder durchgesehen wird ...

Wikipedia unterscheidet grundsätzlich zwei Formen von Perfektionismus:

„Einigkeit besteht darin, dass man Perfektionsstreben im Wesentlichen als ein Konstrukt mit Ausprägungen in zwei Dimensionen auffassen kann:

1. *Streben nach Vollkommenheit* (perfektionistisches Streben): fasst unter anderem die Eigenschaften hohe persönliche Standards und Organisiertheit zusammen.

2. *Übertriebene Fehlervermeidung* (perfektionistische Besorgnis): umfasst u. a. die Eigenschaften Leistungszweifel und Fehlersensibilität, aber auch Angst vor Bewertung, besonders durch Eltern und Schule.

Dabei wird ein Perfektionsstreben mit einer hohen Ausprägung in der Dimension des perfektionistischen Strebens, aber einer niedrigen Ausprägung in der Dimension der perfektionistischen Besorgnis als *gesundes* oder *funktionales* Perfektionsstreben bezeichnet, wogegen eine hohe Ausprägung in beiden Dimensionen mit einem *ungesunden* oder *dysfunktionalen* Perfektionsstreben in Zusammenhang gebracht wird. Letzteres wird als Perfektionismus benannt.“[36]

So weit, so gut – oder auch nicht. Das kommt eben darauf an, mit welcher Ausprägung man selbst unterwegs ist. Nun könnte ich vermutlich problemlos ein ganzes Buch über Perfektionismus schreiben, was hier offensichtlich den Rahmen sprengt. Ein paar Tipps, um die Perfektionismusfalle zu vermeiden, sind aber durchaus angebracht.

1. Immer wieder zurück zum Wesentlichen

Behalte den Grund, warum Du das Buch schreibst, im Auge. Was war noch gleich die eine Message, die Deine Leser aus dem Buch mitnehmen sollten? Perfektionisten

[36] https://de.wikipedia.org/wiki/Perfektionismus_(Psychologie).

verlieren sich in Details. Details sind ja ganz entzückend, aber nur, wenn sie dem großen Ganzen dienen und immer auf Deine Message einzahlen. Und es gilt: Zu viele entzückende Details verderben die Message! Also: Zurück zum Wesentlichen ;)

2. Denk dran: Du bist gut!
Lade Deine Selbstzweifel nicht zum Kaffeetrinken ein. Wenn sie kommen, schau sie Dir kurz an, dann bitte sie freundlich und zügig wieder hinaus. Genau das tun wir nämlich: Wir laden die schlechten Gedanken zum Bleiben ein. Warum? Es ist wesentlich dienlicher für den Schreibprozess, die guten Gedanken einzuladen. Wer diese immer wieder aufschreibt und sich in Momenten des Zweifelns durchliest, ist ganz weit vorn.

3. Kreativität stirbt im Vergleich.
Oder anders: Des Glückes Tod ist immer der Vergleich. Natürlich schüchtern uns erfolgreiche Autoren ein. Und wir haben das Gefühl, wir kriegen das so nicht hin. Die gute Nachricht ist: Müssen wir auch gar nicht. Wir kriegen das auf unsere Weise hin und schaffen so etwas Neues. Andernfalls wären wir ja nur Kopisten. Inspiration ist okay, solange sie uns nicht vor lauter Angst transpirieren lässt.

4. Erwartungen realistisch formulieren.
Das Paretoprinzip sagt, dass wir mit 20 % der Leistung 80 % des Ergebnisses erzielen. Damit ist ein Buch auch schon geschrieben. 80 % vom Optimum genügen völlig. Denn wer bestimmt, was 100 % sind? Kein Verlag dieser Welt kann vorhersehen, welches Buch so richtig

erfolgreich wird und welches nicht. Sonst hätten wohl nicht so viele Verlage „Harry Potter“ abgelehnt.

5. Jedes Buch enthält Fehler.
Rechne einfach damit, im gedruckten Buch Fehler zu finden. Außerdem wirst Du feststellen, wenn Du Dein Buch später wieder zur Hand nimmst, dass Du einiges anders schreiben würdest. Das ist auch gut so, denn Du entwickelst Dich ja weiter. Besser noch, Du hast es jetzt vorliegen und kannst aus Deinen Fehlern lernen. Jedes meiner Bücher würde ich heute anders schreiben. Wäre ja auch schlimm, wenn nicht. Andernfalls würde ich mich als Autorin ja nicht weiterentwickeln.

6. Keine Angst vor Kritik.
Selbst wenn Du übers Wasser gehst, kommt noch jemand und fragt Dich, ob Du nicht schwimmen kannst ... Oder anders ausgedrückt: Perfektion schützt nicht vor Kritik. Abgesehen davon können wir es gar nicht jedem recht machen. Keines meiner Bücher hätte je das Licht der Welt erblickt, wenn ich das gewollt hätte. Allein meine Sprachwahl ist vielen ein Dorn im Auge. Aber genau das macht meine Bücher und mich als Autorin aus. Überlege Dir vorher, wer Dich kritisieren darf und welche Kritik Deinem Werk dient. Alles andere darf weg.

7. Lass Dir helfen.
Such Dir einen Menschen, Mentor*innen, eine Gruppe, eine Mastermind, die Dir helfen, wenn Du nicht weiterkommst. Ich selbst habe eine wunderbare Mastermindgruppe mit Speakerkollegen und bin dabei, mir eine weitere mit Autor*innen aufzubauen. Solche Gruppen sind wertvoller als Gold, denn sie bauen Dich

auf, wenn Du am Boden bist, sie jubeln Dir zu, wenn Du über die Ziellinie läufst, und sie helfen, wenn Du feststeckst. Von Freunden rate ich in diesem Fall ab. Es sei denn, sie schreiben selbst. Ein Zimmermann bittet ja auch keinen Chemielaboranten um Rat, wenn er ein berufliches Problem hat.

8. Schluss mit dem Überanalysieren.
Ein guter Plan hilft, keine Frage. Aber irgendwann muss man auch mal loslegen. Es ist wie mit der Fahrtroute von Hamburg nach Rom: Viele Wege führen nach Rom. Und jeder Weg ist, je nach Anspruch, richtig. Aber alle genau anzuschauen und durch zu analysieren, macht keinen Sinn. Frag Dich, was willst Du wirklich? Wege analysieren? Oder reisen?

9. Einfach machen.
Jetzt ist immer der beste Zeitpunkt, mit etwas zu beginnen. Also einfach loslegen und es sich dabei so einfach wie möglich machen ;)

10. Sich beschränken
Noch ein letzter Tipp: Beschränke Dich auf das Wesentliche. Jedes Buch kann auf 1000 Seiten aufgeblasen werden. Die Frage ist nur: Ist das dann noch lesenswert?

Und noch einmal die Frage: Was ist die Kernbotschaft Deines Buches? Kehre immer wieder zu dieser Frage zurück. Und was ihr nicht dient, ist nicht wesentlich.

VERÖFFENTLICHEN

Heutzutage gibt es wahnsinnig viele Möglichkeiten, die eigenen Ideen in die Öffentlichkeit zu tragen. Was das Schreiben betrifft, gab es früher nur die Zeitungen, Magazine und Buchverlage. Wer etwas Geld in die Hand nahm, konnte sich auch leisten, ein Buch selbst drucken zu lassen. Auch das geht heute anders. Welche Form der Veröffentlichung Du wählst, hängt allein von Deinen Präferenzen ab. Mein Ziel war es immer, ein Buch in einem großen Verlag zu veröffentlichen. Auch wenn ich am Anfang keine Ahnung hatte, wie das gehen sollte. Also habe ich zuerst mit dem Bloggen begonnen, um danach im Self-Publishing zu veröffentlichen. Danach war der Schritt zum ersten Verlagsexposé nicht mehr weit. Mir hat dieser Weg geholfen. Ich kenne aber auch viele Autoren, die gleich im Verlag gestartet sind oder ausschließlich im Self-Publishing oder als Blogger unterwegs sind. Du entscheidest, was für Dich am besten passt.

Die Möglichkeiten ...

Social Media

Eine Form der Veröffentlichung sind Social-Media-Kanäle wie Facebook und Instagram. Die Posts einiger Experten haben Blogcharakter und könnten durchaus wie ein Buch aufgefasst werden. Tatsächlich schreiben einige Instagrammer*innen auf ihrem Instagram-Account Bücher. Jeder Post ist der nächste Teil ihrer Geschichte.

Eine gute Möglichkeit, Ideen direkt mit Feedback zu testen. Allerdings solltest Du die Geschichte in einem Manuskript festhalten. Andernfalls wird es mühselig, den Inhalt irgendwann als Buch zusammenzufassen. Ein Nachteil ist, dass Facebook und Instagram den Followern nicht immer chronologisch Deine Posts zeigen. Damit müsstest Du auf jeden Fall die Posts so kennzeichnen, dass klar ist, wo sich der Leser gerade befindet. Natürlich können die Leser*innen auch einfach auf Deinen Feed gehen, es sind aber nicht immer alle dazu bereit. Und manchmal ist man als Leser*in auch unaufmerksam und schnallt nicht sofort, dass man nicht den richtigen Post erwischt hat und ist verwirrt, weil man keinen Anschluss findet.

Ich selbst nutze Social Media zum einen für meine Fans, um ein wenig von meinem Leben zu zeigen, und zum anderen als erweiterte Form meines Blogs, also dazu, um meine Bücher und Seminare bekannt zu machen. Immer mit einem Mehrwert, versteht sich.

Blog

Bloggen ist meine Lieblingsmöglichkeit für Einsteiger. Ich habe selbst auch so angefangen. Viele Autor*innen, die noch ganz am Anfang stehen, können sich kaum vorstellen, dass sie mit ihren Ideen ein ganzes Buch strukturiert füllen können. Ging mir genauso. Aber ein bis zwei DIN-A4-Seiten in Form eines Artikels waren für mich eher vorstellbar. Genau das richtige Format für einen Blogartikel. Darüber hinaus transportieren Blogartikel hervorragend Deine Expertise.

Als ich mich als Führungskräftecoach und Trainerin selbstständig gemacht habe war mir als alte Marketingmaus klar, dass ich meine Expertise nach außen tragen musste. Also habe ich die Themen, die mir als Coach und Trainerin wichtig waren, in kurze Artikel gepackt und auf meinem Blog veröffentlicht. Der Vorteil, der mir erst im Nachhinein bewusst geworden ist: So ist mit der Zeit immer mehr psychologisches Wissen entstanden und durch meine wöchentlichen Schreib-übungen wurde ich immer routinierter. Zu diesem Zeitpunkt bin ich auf die Idee gestoßen aus Blogartikeln ein kleines Buch zu machen und dieses meinen Kunden zu Weihnachten zu schenken. Und so ist mein erstes kleines Buch „Das Natural Leadership Prinzip – Führung braucht Herz, Hirn und Haltung“ im Selbstverlag entstanden. Das Geschenk kam bei meinen Kunden so gut an, dass ich noch zwei weitere Jahre meine Blogartikel zu einem Buch zusammengefasst habe.

Mit anderen Worten: Wenn Du einen wöchentlichen Blog schreibst, hast Du am Ende des Jahres ein Buch geschrieben, ohne es zu merken. Du musst es nur noch zusammenfassen und fertig ist die Laube.

Self-Publishing
Darunter versteht man die eigenständige Veröffentlichung eines Buches. Dabei gibt es verschiedene Möglichkeiten, wie Du Dein Buch eigenständig veröffentlichen kannst. Nicht nur als E-Book, sondern auch in gedruckter Form.

Der Vorteil: Du musst Dich nicht bei einem Verlag bewerben und niemand redet Dir rein.

Der Nachteil: Du übernimmst alle Verlagsaufgaben selbst oder engagierst Dienstleister dafür.

Beim Self-Publishing bleiben Korrektorat, Lektorat, Buchsatz, Coverdesign, Vertrieb, Distribution, Marketing und PR an Dir hängen. Kein Buchhändler wird je von Deinem Buch erfahren, wenn Du keinen Vertrieb machst. Hier liegt der Hauptunterschied zwischen Self-Publishing, kleinen und großen Verlagen.

Worauf Du als Self-Publishing-Autor*in achten solltest:

1. Lasse Dein Buch lektorieren!

Inhalt ist gut und wichtig. Ich selbst nehme es beim Bloggen mit Rechtschreibung und Satzzeichen nicht sooo genau. Da geht für mich der Inhalt vor. Aber in dem Moment, in dem es in Buchform (auch E-Book) in die Welt gehen soll, ist ein Korrektorat das Minimum. Hierfür gibt es jede Menge Online-Anbieter, die leider teilweise echt schlecht sind. Beispielsweise bin ich mit der ersten Fassung dieses Buches damit gehörig auf die Nase gefallen ... Deshalb: Prüfe vorher ganz genau! Übrigens müssen es ja auch nicht zwingend Profis sein.

Vielleicht hast Du ja in Deinem Bekannten- und Verwandtenkreis ein Rechtschreibass mit Lust darauf, Dein Buch einmal gegenzulesen. Meine ersten zwei Bücher im Self-Publishing haben eine Freundin und meine Nachbarin gegengelesen und das hat wunderbar funktioniert. Du kannst auch über Social Media Deine

Follower fragen, ob jemand Lust zum Probelesen bzw. Lektorieren hat.

Profis sind natürlich die optimale Wahl. Eine Liste mit Lektoren findest Du hier: https://www.leselupe.de/seite/lektorat/

2. Vermarktung, aber richtig

Social-Media-Gruppen sind natürlich super für die Vermarktung. Allerdings solltest Du diese nicht zuspamen. Ich muss gestehen, dass ich da am Anfang sehr schmerzbefreit war und meine Bücher einfach überall angepriesen habe wie Sauerbier. Das Ergebnis: Ich bin aus vielen Foren rausgeflogen und gebracht hat es nichts. Wenn Du Foren nutzen möchtest, dann sei dort auch entsprechend aktiv. Nicht nur für Dein eigenes Buch.
Eine gute Möglichkeit ist, sich beispielsweise bei lovelybooks.de als Autor*in registrieren zu lassen und dort an Aktionen teilzunehmen. Das gilt übrigens nicht nur für das Self-Publishing.

3. Geduld, Geduld, Geduld

Auch diese Regel ist nicht exklusiv für Self-Publisher ... Es dauert einfach eine Weile, bis sich der Erfolg über Nacht einstellt. Dranbleiben und vor allem regelmäßige Marketing- und PR-Maßnahmen (hierzu später mehr) zahlen sich irgendwann aus. Bei mir hat es zwei Jahre gedauert, bis ich mein erstes Buch im Verlag platzieren konnte und dann ein weiteres Jahr, bis der Knaur Verlag bei mir angeklopft hat.

Verlag

Die Königsdisziplin ist, das eigene Buch in einem der großen Verlage zu veröffentlichen. Self-Publishing hat seine Vorteile. Das ist auch der Grund, warum ich dieses Buch gar nicht erst einem Verlag vorgestellt habe. Expertise kannst Du mit jeder Publishingform in die Welt tragen, die höchste Wertigkeit hat aber die Veröffentlichung in einem Verlag. Kein Wunder: Über 70.000 Bücher sind 2018 erschienen.[37] Wenn sich in diesem hart umkämpften Markt ein Verlag für Dein Buch entscheidet, dann ist er von Deiner Idee und/oder Deiner Expertise so überzeugt, dass er in Dich investiert. Darüber hinaus war es vor ein paar Jahren eben noch nicht so ohne weiteres möglich, ein Buch selbst auf den Markt zu bringen. Dadurch hat eine Verlagspublikation immer noch elitäres Ansehen.

So findest Du einen Verlag

Einen Verlag zu finden, ist gar nicht so schwierig, wie Du zunächst vielleicht denkst. Ich muss immer ein bisschen schmunzeln, wenn Kolleg*innen Listen mit Verlagsadressen anbieten wie Sauerbier. Gute Marketingidee, allerdings bietet Wikipedia eine umfassende Liste mit Verlagen, die auch in Teilen schon deren Spezialisierung enthält. Die Liste findest Du hier:

https://de.wikipedia.org/wiki/Liste_deutschsprachiger_Verlage

---

37 Bernd Weidenbach, „Buchtitelproduktion in Deutschland bis 2018“, Statistika, 2018.

Wichtig ist, dass Du nicht, wie ich am Anfang, alle Verlage wahllos mit Deinem Exposé bombardierst. Das macht Dir nur Arbeit. Keine Angst: Diese etwas naive Vorgehensweise „verbrennt“ Dich für den Verlag nicht. Die Verlage erhalten täglich körbeweise Exposés, die nicht in ihr Programm passen. Da fällst Du überhaupt nicht auf und wirst schnell wieder vergessen ;) Aber genau das ist auch Deine Einstiegshürde: Dein Exposé muss zwischen den vielen anderen irgendwie auffallen.

Eine sehr gute Möglichkeit ist, vorher beim Verlag anzurufen und mit den Lektor*innen zu sprechen. Das klingt zunächst echt scary, denn man hat schnell den Gedanken im Kopf, dass da ja wahnsinnig viele Leute anrufen und man abgewimmelt wird. Das Gegenteil ist der Fall. Die wenigsten Autor*innen in spe trauen sich, bei den Lektoren anzurufen. Wenn man dann ein bisschen geschickt vorgeht, stimmen die meisten Lektoren zu, sich das Exposé einmal anzuschauen. Und schon liegst Du im Korb ganz oben und wirst auf jeden Fall gesehen. Danach steht und fällt alles mit Deinem Exposé und Deiner Idee. Immer vorausgesetzt, Du passt mit Deinem Buch ins Verlagsprogramm.

Wer sich, wie vermutlich die meisten, nicht traut, direkt anzurufen, kann auch eine E-Mail schreiben. Da bist Du allerdings schon wieder in einer größeren Gruppe und wirst es schwerer haben, herauszustechen. Aber auch das funktioniert. Das Exposé von „Das Geheimnis richtigen Zuhörens“ habe ich zehn Verlagslektor*innen einfach per E-Mail angeboten. Zwei Lektorinnen fanden das Projekt interessant. Bei einem Verlag ist das Exposé dann an der Vertriebsprüfung gescheitert, aber der Springer Verlag hat mir direkt ein Angebot gemacht.

Damit sind wir beim nächsten Punkt: Schicke, gerade wenn Du Erstautor*in bist, Dein Exposé MEHRFACH an ALLE Verlage, die in Frage kommen! Viele Erstautor*innen machen den Fehler, ihr Exposé einmal an 1–3 Verlage zu schicken und sind dann enttäuscht, dass es nicht geklappt hat. Natürlich hat jede Autor*in einen Wunschverlag. Ich wollte beispielsweise gern bei Campus oder Random House schreiben. Droemer Knaur hatte ich gar nicht auf dem Schirm ... Der Campus Verlag war übrigens der Verlag, bei dem „Das Geheimnis richtigen Zuhörens" es nicht durch die Vertriebsprüfung geschafft hat. Aber: So what? Alle meine Bücher haben bisher das Licht der Welt erblickt und ich bin gesetzte Autorin bei Droemer Knaur. Womit ich nie gerechnet hätte. Deshalb: Folge dem Gesetz der großen Zahl: Viel hilft viel!

Noch einmal kurz dazu, warum Du Dein Exposé mehrfach dem gleichen Verlag anbieten solltest: Weil verschiedene Menschen zu verschiedenen Zeiten prüfen. Was dem einen nicht gefällt, kann dem anderen gefallen. Oder jemand ist bei der ersten Prüfung Deines Manuskriptes schlecht gelaunt oder nur hungrig. Studien zeigen, dass Richter kurz vor der Mittagspause, wenn sie hungrig und/oder müde sind, härtere Urteile fällen.[38] Das gilt auch für Lektor*innen. Klar kann es sein, dass Du die gleichen Lektor*innen wieder erwischst und sie sich an Dein Exposé erinnern, wahrscheinlicher ist jedoch, dass sie es nicht tun. Du erinnerst Dich ja auch nicht an jeden

---

[38] https://www.spiegel.de/wissenschaft/mensch/justiz-studie-muede-richter-entscheiden-gegen-angeklagte-a-756452.html.

Menschen, mit dem Du einmal kurz in Deinem Leben gesprochen hast.

Exposé schreiben leicht gemacht

Jetzt ist das Wort „Exposé“ schon so oft gefallen, dann soll es jetzt auch mal darum gehen. Gleich eines vorweg: Ein beispielhaftes Exposé findest Du unter www.anjaniekerken.de/beispielexpose

Dabei handelt es sich um mein Exposé von „Das Geheimnis richtigen Zuhörens“, welches 2020 im Springer Verlag veröffentlicht wurde. Daran kannst Du Dich ganz einfach entlang hangeln und es mit Deinen Inhalten füllen.

Wenn Du Dich jetzt fragst, warum Du zuerst ein Exposé schreiben solltest: Ganz einfach, weil keine Lektor*in dieser Welt Zeit hat, unaufgefordert eingesandte Manuskripte zu lesen. Lesen braucht Zeit und Zeit hat in Verlagen leider auch niemand mehr. Genau das ist der Grund, warum viele Verlage schon auf ihren Webseiten darauf hinweisen, dass sie keine vollständigen Manuskripte annehmen. Einige Verlage haben sogar eigene Normen für Exposés entwickelt, um ihren Lektoren die Arbeit noch mehr zu erleichtern und die Idee vergleichbar zu machen. Daher, wenn ein Verlag eine eigene Exposénorm hat: Halte Dich daran. Tust Du es nicht, wird Dein Exposé sehr wahrscheinlich nicht angeschaut, weil die Norm nicht eingehalten wurde. Das hat nichts mit Dir oder Deiner Idee zu tun, sondern damit, dass es viel mehr Aufwand bedeutet, das Exposé zu bearbeiten. Und warum sollten Lektor*innen das tun, wenn noch mehr als 100 weitere Exposés auf ihren Stapeln liegen, die sich an die Norm gehalten haben und damit viel einfacherer zu bearbeiten sind ... Abgesehen davon ist es nicht so dramatisch ein bestehendes Exposé auf die entsprechende Verlagsnorm kurz umzustricken. Es gibt Schlimmeres. Nämlich ein Exposé, welches gar nicht erst gelesen wird.

Mein Tipp: Erstelle ein allgemeines Exposé. Schaue dann auf den Verlagsseiten nach, ob die Verlage eigene Normen haben und passe Dein Exposé dann für den jeweiligen Verlag an.

Ein wichtiger Punkt, der gern vergessen wird:

Ein gutes Exposé ist die beste Vorbereitung zum Schreiben!

Einer der besten Tipps, die ich in meinem Autorenleben von einer erfahrenen Sachbuchautorin bekommen habe, war: Schreibe immer zuerst ein Exposé. Wer zuerst das Buch und dann das Exposé schreibt, dem fehlt zum einen Klarheit und zum anderen reden die Verlage ein großes Stück mit. Es ist sehr wahrscheinlich, dass Du das ganze Buch noch einmal umschreiben musst und das ist oft schmerzhaft. Viel einfacher ist es, mit dem Verlag gemeinsam zu schreiben und sich die Erfahrungen der Profis zunutze zu machen. Mein Erstlingsbuch „Montags muss ich immer kotzen“ (erstmals 2018 im Business-Village Verlag erschienen) war ursprünglich ganz anders von mir gedacht. Ich bin wahnsinnig froh, dass ich erstmal ein Exposé eingereicht habe und dann erst mit dem eigentlichen Schreiben begonnen habe. Mit diesem Buch habe ich auf einen Schlag am meisten über das Schreiben von Sachbüchern gelernt. Und obwohl ich kein fertiges Manuskript umschreiben musste, so war es für mich doch oft schmerzhaft, Kapitel zu ändern oder einige Ideen im Schreibprozess ganz loszulassen. Ich mag mir gar nicht vorstellen, wie ich gelitten hätte, wenn das Buch schon als Manuskript existiert hätte.

Sieben Tipps für ein Exposé, das sitzt

1. Das Anschreiben

Auch wenn ich dazu rate, dieses erst zu erstellen, wenn das Exposé geschrieben ist, so ist es doch der erste Eindruck, den Lektor*innen von Dir erhalten. Denk auch hier daran: Zeit ist knapp. Darum schreibe in zwei bis drei Sätzen, worum es in Deinem Buch geht und zu welcher Kategorie es gehört. Außerdem lässt Du ein paar Sätze darüber verlieren, warum Du ausgerechnet diesen Verlag wählst. Wichtig ist auch, dass Du kurz Deine Expertise darstellst, um Deine Glaubwürdigkeit zu belegen.

2. Deine Vita

Eine kurze Beschreibung Deiner Vita mit den wichtigsten Punkten Deiner persönlichen Laufbahn. Stimme diese auf Dein Buch ab. Wenn Du beispielsweise ein Buch für Führungskräfte schreibst, dann hebe die Punkte Deiner Vita hervor, die belegen, dass Du etwas darüber zu sagen hast. Wenn Du ein Buch über Kindererziehung schreibst und nicht gerade Erzieher*in bist, dann ist es natürlich relevant, ob Du selbst Kinder hast oder nicht.

3. Titel, Untertitel und Inhalt
Im Exposé wird das Ganze noch als „Arbeitstitel“ deklariert. Professionell ist es, wenn Du gleich eine Titelauswahl von drei möglichen Titeln mitlieferst. Der Titel sollte Deine Buchthese bzw. das Informationsziel für den Leser auf den Punkt bringen. Du kannst aber auch die Buchthese als Arbeitstitel angeben und dann mögliche Titelideen dazu geben. So eröffnest Du gleich die Möglichkeit, gemeinsam mit dem Verlag an einem knackigen Titel zu arbeiten. Gerade beim Sachbuch steht und fällt der Erfolg mit dem Titel.

Außerdem benötigt der Verlag für eine gute Einschätzung Deiner Idee die ungefähre Seitenzahl, Ideen für Abbildungen und Deinen geplanten Abgabetermin.

4. Zielgruppen- und Marktanalyse
Wie im Abschnitt über die Zielgruppe schon beschrieben, sollte im Exposé Deine Zielgruppe genau definiert sein. Damit weiß der Verlag sofort, wo Dein Buch einzuordnen ist und kann eine Verkaufsprognose erstellen. Dazu gehört auch die Marktanalyse. Keine Angst, die ist für ein Exposé keine Raketenwissenschaft. Schau einfach auf Amazon oder anderen Plattformen nach, welche anderen Buchtitel zu Deinem Thema schon erschienen sind. Die 10 wichtigsten fasst Du einzeln zusammen und schreibst mit zwei Sätzen dazu, wie Dein Buch sich davon unterscheidet.

5. Inhaltsangabe und Struktur
Mit der Inhaltsangabe steht und fällt der Erfolg Deines Exposés. Warum? Ganz einfach: Was machst Du in der Buchhandlung, wenn Dich ein Buch interessiert? Du liest

den Klappentext und das Inhaltsverzeichnis. Titel und Umschlag bewegen Dich dazu, das Buch in die Hand zu nehmen. Klappentext und Inhaltsverzeichnis überzeugen Dich, das Buch zu kaufen. So ist es auch beim Verlag mit Buchideen. Natürlich kann sich das Inhaltsverzeichnis später noch einmal ändern. Das Exposé ist ja „nur“ ein Entwurf ;)

6. Marketing und PR

Okay, dazu kommen wir im Detail noch im nächsten Abschnitt. Allerdings gehören Marketing und Pressearbeit auf jeden Fall ins Exposé. Klar macht der Verlag das auch, aber hier möchte der Verlag wissen, welche Kontakte und Möglichkeiten Du in den Ring werfen kannst. Hast Du Pressekontakte oder Kontakte in Deiner Branche, die Du nutzen kannst, um Dein Buch nach vorne zu bringen? Außerdem interessieren hier Deine Ideen wie man das Marketing für Dein Buch ankurbeln könnte. Wie wäre es beispielsweise mit einem Vorwort eines prominenten Experten? Ein Richtwert sind fünf Ideen, die speziell zu Dir und Deinem Buch passen.

7. Probekapitel

Es gibt Schreibcoaches, die erzählen angehenden Autor*innen, dass ein Probekapitel kein Muss ist. Das ist Bullshit. Ein Probekapitel muss sein. Vor allem, wenn Du vorher noch nicht veröffentlicht hast. Wie soll der Verlag sonst Deinen Schreibstil beurteilen? Es gibt Verlage, die ohne Probekapitel Exposés überhaupt nicht anschauen. Es gibt auch Lektor*innen, die lesen nur die Probekapitel. Wenn diese ihnen gefallen, schauen sie sich den Rest erst an. Schnapp Dir also das Kapitel des Buches, welches Du am besten schreiben kannst und welches unentbehrlich für Dein Buch ist. Nimm bitte nicht das Vorwort. Das ist nämlich entbehrlich und bietet keine fundierten, tieferen Einblicke in den Buchnutzen.

Was ist eine Normseite

Die Normseite stammt noch aus der Zeit, als Buchsatz noch nicht am Computer erstellt wurde und wird heute für die Einschätzung des Arbeitsaufwandes für Lektorat, Korrektorat und Satz verwendet. Daher macht es durchaus Sinn, Dein Manuskript in einem allgemeinen Normseitenformat zu schreiben. Es sei denn, der Verlag hat seine eigene Manuskriptvorlage. Diese findest Du in der Regel auf dessen Homepage. Sollte nichts zu finden sein, arbeite auf jeden Fall mit Normseitenangaben. Das ist professionell und spart dem Verlag bei der Einschätzung wieder Zeit. Wird Dein Manuskript angenommen, wird Dir Dein Ansprechpartner im Verlag mitteilen, ob der Verlag mit einer Manuskriptvorlage arbeitet. Falls nicht, lohnt es sich, einmal nachzufragen.

Die Faustformel für eine Normseite ist: Pro Seite 30 Zeilen à 60 Zeichen. Zeilenabstand 1,5 fach. So kommt man, wenn man die Seite ohne Absätze vollschreibt, auf ca. 1.800 Zeichen.

Hier kannst Du Dir eine Word Normseite herunterladen: www.anjaniekerken.de/normseite

Wenn Du Deine eigene Normseite anlegen möchtest, kannst Du das mit diesen Angaben tun:

- Seitenränder: 2,19 cm (oben), 1,78 cm (unten)
- 3,17 cm (links) und 2,54 cm (rechts)
- 60 Zeichen pro Zeile und 30 Zeilen pro Seite (so kommst Du auf etwa 1.800 Zeichen pro Seite bzw. rund 250 Wörter pro Seite)
- Schriftgröße 12 und 24 pt Zeilenabstand
- Schriftart: Mit Serifen (z. B. Times New Roman, Courier New) zur besseren Lesbarkeit
- Flattersatz, linksbündig
- Seitenzählung

Normseite für Lektorat und Korrektorat

Selbst wenn Du im Self-Publishing unterwegs bist, ist die Normseite hilfreich. Denn Lektoren können anhand der Normseitenangaben den Arbeitsaufwand einschätzen und entsprechende Angebote abgeben.

Wenn Du mit professionellen Lektoren außerhalb eines Verlages arbeiten willst, dann erkundige Dich einfach, auf welcher Basis diese ihre Angebote erstellen. Es ist ja heute nicht mehr so aufwendig, ein Manuskript neu zu formatieren.

NACH DER VERÖFFENTLICHUNG

Auch wenn Du in einem großen Verlag veröffentlicht hast, nach der Veröffentlichung beginnt der zweite Teil der Arbeit: Lesungen, Interviews und Artikel in Zeitungen. Irgendwie muss die geneigte Leserschaft ja von Deinem Buch erfahren. Und am Anfang Deiner Autorenkarriere bleibt, auch bei großen Verlagen, ein Großteil dieser Arbeit an Dir hängen.

Sichtbar werden als Autor*in

Auch wenn Dein Buch gut im Handel platziert wurde, so besteht immer noch kein großes Interesse an Deinem Buch. Warum? Weil Dich und Dein Buch noch niemand kennt. Bist Du erst einmal etabliert und hast eine Stammleserschaft, dann ist das etwas anderes. Dann wird in der Regel der Verlag oder Deine Agentur für Aufmerksamkeit sorgen.

Marketing für Autor*innen

Klassische Anzeigenwerbung in Zeitschriften macht, wenn überhaupt, der Verlag. Interessant für Autor*innen sind Social-Media-Kanäle. Auch dort wird ein großer Verlag Anzeigen schalten. Kleine Verlage eher nicht. Du kannst natürlich selbst Anzeigen schalten, brauchst Du aber nicht. Wenn Du Dir bereits Reichweite auf den verschiedenen Internetplattformen aufgebaut hast: wunderbar. Diese kannst Du nutzen, um in verschiedenen Formen auf Dein Buch hinzuweisen.

Ein paar Möglichkeiten für Social-Media-Marketing:

- Online-Lesungen auf Facebook und in Instagram-Stories
- Live Online-Lesungen über YouTube, Facebook und Instagram
- Buchverlosungen
- Reposts von Menschen, die Dein Buch gepostet haben
- Zitate aus Deinem Buch posten
- Minilesungen posten
- Mit anderen Autoren eine Buchwoche ins Leben rufen
- Interviews in Podcasts geben
- Einen eigenen Podcast oder Blog starten
- Blogartikel zu Deinem Buch schreiben
- Schreib mit Deinen Followern online ein Kapitel zum Buch

Solltest Du noch keine Marketingarbeit über Social Media machen, dann wird es höchste Zeit. Autor*innen mit einer großen Social-Media-Audience haben es beim Verkauf einfach leichter. An dieser Stelle zu erklären, wie Du Dir Social-Media-Reichweite aufbaust, würde zu weit führen. Eines vorweg: Du musst nicht alle Plattformen professionell bespielen. Such Dir ein paar Plattformen raus, die Dir liegen und dann leg los. Hier ein paar Tipps, wie Du ziemlich schnell ein paar Follower auf den verschiedenen Plattformen generierst.

Instagram:

1. Gute Bilder, die auffallen
Hier steht absichtlich nicht: schöne Bilder. Instagram ist voll mit schönen Bildern. Da fallen Deine Bilder im Zweifel gar nicht auf. Daher gibt es viele gegenläufige Trends mit schrägen Bildern. Die Idee dahinter ist, dass die User beim Durchscrollen hängen bleiben. Mach es Dir am Anfang aber nicht zu kompliziert. Einfach mal starten und dann schauen, wie Du Deinen Auftritt weiterentwickeln willst.

2. # Hashtags richtig nutzen
Du hast bei Instagram nicht nur die Möglichkeit, Personen zu folgen. Du kannst auch Hashtags folgen. Such Dir zehn Hashtags wie z. B. #Autorenaufinstagram oder #Autorinnenleben, die viele Follower haben. Welche das sind, kannst Du im Internet leicht rausfinden. Einfach mal „erfolgreiche Hashtags finden“ googeln. Dies postest Du dann immer unter Deine Texte. Davor setzt Du dann drei bis vier Hashtags, die zum aktuellen Post passen. Instagram zeigt dann mit etwas Glück den Followern der Hashtags auch mal Deine Posts und diese folgen Dir, wenn ihnen gefällt, was sie sehen und lesen.

3. Engagement schaffen
Poste Dinge und Themen, in die Du Deine Follower einbeziehen kannst. Stelle Fragen oder starte Aktionen, bei denen Deine Follower mitmachen können. Bewährt haben sich auch Spiele, bei denen Follower andere Follower darauf aufmerksam machen, dass es Deinen Account gibt.

Noch ein letzter Tipp: Folge anderen erfolgreichen Accounts und schau, wie die es machen. Ähnlich wie die Regel: „Durch Lesen lernt man Schreiben“ – gibt es auch hier die Regel: „Durch Folgen lernt man Posten“.

Facebook:
Der Tipp für Facebook: Schau Dich in den Facebookgruppen zu Deinen Themen um und werde Mitglied. Mach jetzt aber nicht den Fehler und spamme die Gruppen mit Deinem Buch zu. Da stehen die Gruppenmitglieder in der Regel nicht so drauf und Du fliegst schnell wieder aus den Gruppen raus. Das ist mir am Anfang auch oft passiert. Daher wichtig: Lies Dir die Gruppenregeln durch und halte Dich daran.

Wenn Du Dein Buch in einer Gruppe bekannt machen möchtest, dann bitte Freunde, dies in den entsprechenden Gruppen zu posten. Du bereitest die Posts vor und Deine Freunde müssen nur noch auf „Senden“ drücken. Vielleicht kannst Du Dich auch mit ein paar anderen Autor*innen zusammentun und ihr promotet so gegenseitig Eure Bücher. Das funktioniert in der Regel sehr gut. Natürlich soll niemand etwas posten, was ihr oder ihm nicht gefällt. Tu Dich mit Autor*innen zusammen, deren Bücher Du magst, dann entsteht das Problem gar nicht.

YouTube:
Zugegeben: Ich bin kein YouTube-Profi und bespiele diesen Kanal eher lieblos. Trotzdem habe ich darüber schon Aufträge, Leser und Kunden generiert. Daher kann

ich Dir nur raten: Einfach mal starten. Wenn Du es nicht tust, gehen Dir Kunden und Leser durch die Lappen.

Und wenn YouTube Dein Ding ist, dann schau Dich dort um und mach einen Kurs bei YouTubern, die ordentlich Reichweite haben. Die wissen, wie es geht.

Xing und LinkedIn

Ähnlich wie bei Facebook haben beide Plattformen Gruppen, die sich bestimmten Themen widmen. Such Dir Deine Themengruppen und werde aktives Mitglied. Im Gegensatz zu Facebook-Gruppen kannst Du hier Deine Inhalte meistens direkt posten. Am besten funktioniert es, wenn Du einen Mehrwert bietest. Ich poste auf beiden Plattformen in verschiedenen Gruppen meine Podcast-Folgen, meine Blogartikel und Presseartikel, in denen ich interviewt werde oder welche, die ich geschrieben habe. Danach kommen ziemlich viele Besucher auf mein Profil. Diese schreibe ich alle an und lade sie ein, sich mit mir zu vernetzen. So ist über die Jahre ein recht großes Publikum entstanden.

Social-Media-Marketing ist ein Riesenthema für sich. Schrecke trotzdem nicht davor zurück. Schau Dir an, wo Deine Leserschaft unterwegs ist und wähle diese Plattformen aus. Das Gute an Social Media ist nämlich, dass Du ohne großen finanziellen Aufwand die Chance hast, ein gerütteltes Maß an Bekanntheit zu generieren. Das ist auch für Autor*innen unerlässlich.

Der beste Satz, den ich dazu mal gehört habe, ist vom Vertriebstrainer Dirk Kreuter: „Du verlierst keine Kunden an jemand anderes. Du verlierst Kunden an Deine eigene Unbekanntheit.“ Da ist was dran. Wie sollen die Leute Dein Buch kaufen, wenn sie es gar nicht kennen?

Pressearbeit

Klassische Pressearbeit ist ein Thema für sich und kann hier nur kurz angerissen werden. Schließlich verbringen viele Profis ihren gesamten Arbeitstag mit nichts anderem. Daran kannst Du schon gut ablesen, dass viel mehr dahintersteckt, als hier beschrieben werden kann. Aber für den Einstieg hilft es schon mal enorm. Also, auf geht's: Große Verlage machen natürlich Pressearbeit für Dein Buch. Sie stellen Dich Redaktionen von Talkshows vor und machen Dein Buch am Pressemarkt bekannt. Aber ... Ja, es gibt ein sehr großes „Aber“ ... Ein Presseteam betreut, je nach Verlagsgröße, über 100 Autoren und mehr. Da wirst Du, vor allem als Neu-Autor*in, einmal durch den Verteiler gejagt, was schon sehr viel bringt, aber das war es dann auch. Außerdem wirst Du mit allen Autor*innen, die in dieser Saison veröffentlichen, vorgestellt. Da kann es schon mal sein, dass Du einfach untergehst.

Kleinere Verlage haben oft gar nicht die Kontakte zu großen TV- und Printredaktionen. Und wenn Du Self-Publisher*in bist, dann musst Du auch selbst ran.

Wer erfolgreich in der Öffentlichkeit gesehen werden will, muss immer selbst aktiv werden!

Aber wie das Ganze angehen? Im ersten Schritt ist es gar nicht so schwer, wie es erscheinen mag. Hier kommen ein paar einfache Schritte, wie Du es schaffst, Artikel in der Presse zu platzieren:

1. Erstelle eine Liste mit Pressetiteln, welche von Deiner Zielgruppe gelesen werden. In der Regel sind Deine und die Zielgruppe der Redaktionen deckungsgleich.

2. Schau Dir die Artikel vor allem online an, und finde heraus, wer sie geschrieben hat. Das ist online oft leichter als im Print. Funktioniert dort aber auch. Und dann kontaktiere die Autor*innen direkt. Am besten mit einem Lob zu einem thematisch ähnlichen Artikel und mit einem Interviewangebot bzw. einem Angebot, einen Gastartikel zu schreiben.

3. Verschicke an die Journalist*innen, die Artikel zu Deinem Thema schreiben, Rezensionsexemplare bzw. gib Deinem Verlag Bescheid, diese auf die Versandliste zu setzen.

4. Zugegeben, da bin ich auch noch nicht wirklich gut: Sei auf Twitter aktiv. Viele Journalisten suchen auf Twitter nach Themen. Folge dort Journalist*innen und kommentiere von Zeit zu Zeit oder reposte. Das generiert Aufmerksamkeit.

5. Schreibe einen Blog. Das klingt komisch, ist aber ein wunderbares Material für Journalist*innen. Und so hast Du schon etwas in der Hosentasche, was Du anbieten kannst, wenn Du Journalist*innen anschreibst.

Und noch etwas: Du brauchst wirklich keine Angst zu haben, dass Du den Redaktionen oder den einzelnen Journalist*innen auf den Geist gehst. Ich hatte am Anfang auch Schiss in der Büx, aber eine Redaktionsleiterin hat mich in einem meiner Seminare eines Besseren belehrt. Sie hat mir nämlich erzählt, wie schwer es ist, monatliche, wöchentliche oder sogar tägliche Formate mit Inhalt zu füllen. Viele Journalisten, gerade in den Online- und Dailyformaten, sind froh, wenn sie Input von außen bekommen. Wenn sie dann noch den einen oder anderen guten Gastbeitrag angeboten bekommen: umso besser. Es nimmt ihnen den Druck und schenkt ihnen Zeit. In der Branche einfach unbezahlbar!

Wo wir gerade bei unbezahlbar sind: Gastbeiträge werden in der Regel nicht bezahlt! Das klingt zunächst unfair, ist es aber nicht. Das Prinzip dahinter ist, dass die Zeitung bzw. das Magazin Dir zwei Seiten Werbefläche schenkt. Wenn Du Dir also überlegst, was Du für diese zwei Seiten normalerweise zahlen müsstest, sieht die Welt schon wieder ganz anders aus. Ein Gastbeitrag ist nichts anderes als eine getextete, riesige Werbeanzeige für die Autor*innen. Es hat sogar noch den Vorteil, dass Du nur den Text liefern musst. Die Grafik übernimmt der Verlag und sie wird in deren Layout eingepasst. In der Regel lieferst Du zusätzlich noch ein gutes Bild von Dir und einen Mini-Vita-Text zu, und „Voilá" – fertig ist die Laube. Das Gute an Gastbeiträgen ist, dass Du ein großes Publikum mit Deinen Themen und in Deinen eigenen Worten erreichst. Die Erfahrung zeigt: Nach Gastbeiträgen in Formaten wie BARBARA, Brigitte online oder Business Punk steigen die Buchverkäufe kurzfristig an. Das lohnt sich auf jeden Fall.

Du kannst Dich auch als Partner*in für Experteninterviews anbieten. Dazu solltest Du auch einmal schauen, welche Journalist*innen in welchen Formaten auf was spezialisiert sind. Journalisten haben auch ihre Kernthemen, über die sie immer wieder schreiben. Schreib diese direkt an, erwähne ein bis zwei der letzten Artikel, lobe diese und biete an, für weitere Artikel als Expert*in zur Verfügung zu stehen. Falls Du noch keine Interviews gegeben hast, sind hier jetzt eigene Blogartikel zum Thema hilfreich. Auf diese kannst Du verweisen und so können sich Journalist*innen ein Bild von Dir machen. Wenn Du schon einen Gastartikel geschrieben und/oder ein Interview gegeben hast, dann schickst Du die Links natürlich mit. Ach ja: Solche Dinge laufen heute ausschließlich per E-Mail. Wenn Du auffallen willst, kannst Du es auch mit einem handgeschriebenen Brief probieren. Ich meine das durchaus ernst, denn irgendwie willst Du ja gesehen werden. Bei mir hat es bisher per E-Mail so gut funktioniert, dass ich auf die Briefidee noch nicht zurückgreifen musste. Ich behalte sie aber im Hinterkopf ;)

NACHWORT

Kaum zu glauben, aber wahr: Ein weiteres Buch ist durch meine Finger auf virtuelles Papier geflossen. Und das in nur vier Wochen! So schnell habe ich noch kein Buch geschrieben. Kein Wunder, war es mir doch ein Herzensthema, meine Erfahrungen über das Schreiben weiterzugeben. Schreiben gehört, neben der Psychologie, sowieso zu meinen allerliebsten Themen. Ich muss mich immer wahnsinnig zusammenreißen, keine stundenlangen Vorträge zu halten, wenn mich jemand etwas über das Schreiben fragt. Es begeistert mich in allen Facetten.

Der Gedanke, Dich bei Deinem Lieblingsthema zu unterstützen, beflügelt mich zusätzlich. Denn ich trete immer wieder an, um die Welt aus sich heraus besser zu machen. Das ist mein Ziel, wenn ich Vorträge und Trainings in Unternehmen halte und es ist mein Ziel mit jedem Buch, das ich schreibe. Dieses Buch macht mir besonders Freude, denn in meinem Kopf hat sich die Idee eingenistet, dass dieses Buch ein Multiplikator für Weltverbesserung wird. Ein aufregender Gedanke :)

Bleibt mir nur noch, Dir zuzurufen, dranzubleiben. Es gibt Höhen und Tiefen beim Schreiben. Genau wie im richtigen Leben. Aber Du wirst das meistern. Da bin ich mir ganz sicher, denn Dein Thema sollte als Buch in die Welt gehen. Und ich freue mich darauf, es irgendwann zu lesen.

DANKSAGUNG

Seit ich Bücher schreibe, blättert mein Mann nach hinten zur Danksagung. Here we go: Vielen Dank, dass Du meine manischen Schreib- und Arbeitsphasen immer mit so viel Ruhe und Gelassenheit hinnimmst und mich in all meinem Tun und Lassen immer unterstützt. Egal wie doof ich oder das Projekt auch sein mögen. Ich liebe Dich!

Der zweite Dank gilt meinen großartigen Testleser*innen: Christina Maidl, Dr. Julia Griessinger und Olaf Kapinski, die in einer Woche das Manuskript gelesen und mir ihre Anmerkungen dazu geschickt haben. Eine Wahnsinnsleistung! Vielen Dank!

Das dritte, fette Dankeschön geht an die wunderbare Elisa Garrett, die die erste Buchfassung noch einmal ganz hervorragend lektoriert hat. Anfragen unter: https://lektorat-garrett.de

Und mein letzter Dank geht an das Leben an sich. Oder das Universum oder Gott oder das Schicksal ... Irgendjemand oder etwas meint es immer wieder gut mit mir. Das weiß ich sehr zu schätzen: Danke!

LITERATURVERZEICHNIS

Dorothee Schmidt, „WOOP/ Mit dieser Methode erreichen Sie Ihre Ziele“, *impulse*, 2019.

Alexander Hartmann, „Mit dem Elefant durch die Wand“, Ariston; Auflage: Originalausgabe, 2015.

https://www.youtube.com/watch?v=IXh1O_YUMSM.

Tanja Peters, „Mutmuskeltraining“, dtv Verlagsgesellschaft, 2019.

Petra Bock, „Mindfuck – Job“, Knaur HC; Auflage: 14., 2011.

Richard David Precht, „Anna, die Schule und der liebe Gott: Der Verrat des Bildungssystems an unseren Kindern“, Goldmann Verlag, 2014.

Celeste Headlee, „We Need To Talk: How to Have Conversations That Matter“, Piatkus, 2017.

Stephen King, „Das Leben und das Schreiben: Memoiren“, Heyne Verlag, 2011.

Steven Holzner, „Quantenphysik für Dummies“, Wiley-VCH Verlag GmbH; Auflage: 2. Überarbeitete und erweiterte, 2012.

Simon Sinek, „Good Leaders Eat Last: Why Some Teams Pull Together and Others Don't", Portfolio; Auflage: Reprint, 2017.

Rolf van Dick, Michael A. West, „Teamwork, Teamdiagnose, Teamentwicklung (Praxis der Personalpsychologie" (Band 8), Hogrefe Verlag; Auflage: 2., überarbeitete und erweiterte, 2013.

https://www.wissen.de/wortherkunft/roman.

Axel Hacke, „Über den Anstand in schwierigen Zeiten und die Frage, wie wir miteinander umgehen", Kunstmann, 2017.

Alexander von Schönburg, „Die Kunst des lässigen Anstands: 27 altmodische Tugenden für heute", Piper; Auflage: 6., 2018.

Richard David Precht, „Die Kunst, kein Egoist zu sein: Warum wir gerne gut sein wollen und was uns davon abhält", Goldmann Verlag, 2012.

http://www.andreaseschbach.de/schreiben/phantastisch/folge4/folge4.html.

https://www.youtube.com/watch?v=qHJR57BuGYM.

https://de.wikipedia.org/wiki/Sachbuch.

Robin S. Sharma, „Der Mönch, der seinen Ferrari verkaufte: Eine Parabel vom Glück", Knaur MensSana TB, 2019.

John Kotter, „Das Pinguin-Prinzip: Wie Veränderung zum Erfolg führt“, Droemer HC; Auflage: 2., 2017.

Raynor Winn, „Der Salzpfad“, DUMONT REISEVERLAG, Auflage: 8., 2020.

Hape Kerkeling, „Ich bin dann mal weg: Meine Reise auf dem Jakobsweg“, Piper Taschenbuch; Auflage: 37., 2009.

Nicole Staudinger, „Brüste umständehalber abzugeben: Mein Leben zwischen Kindern, Karriere und Krebs“, Eden Books - Ein Verlag der Edel Germany GmbH, 2018.

Bas Kast, „Der Ernährungskompass: Das Fazit aller wissenschaftlichen Studien zum Thema Ernährung – Mit den 12 wichtigsten Regeln der gesunden Ernährung“, C. Bertelsmann Verlag; Originalausgabe, 2018.

https://abi.unicum.de/abitur/abitur-lernen/rhetorische-mittel-erkennen-und-interpretieren.

https://wortwuchs.net/sachtextanalyse/.

https://www.youtube.com/watch?v=9XoweDMh9C4.

Daniel Kahnemann, „Schnelles Denken, langsames Denken“, Penguin Verlag, 2016.

Anja Niekerken, Podcast „Erfolgreich schreiben“, iTunes & Spotify, 2020.

https://de.wikipedia.org/wiki/Kreativität.

Rainer M. Holm-Hadula, „Kreativität – Konzept und Lebensstil“, Vandenhoeck & Ruprecht; Auflage: 3., unveränd., 2007.

John Strelecky, „Das Café am Rande der Welt: Eine Erzählung über den Sinn des Lebens“, dtv, 2007.

Isabel Garcia, „Die Bessersprecher: Abschied von den größten Kommunikationsirrtümern“, Campus, 2018.

Axel Ebert, Christoph Wirl, „Bullshit Busters: 21 Irrtümer und Mythen aus Vorträgen, TV und Büchern“, Goldegg Verlag, 2017.

Anselm Grün, „Quarantäne! Eine Gebrauchsanweisung: So gelingt friedliches Zusammenleben zu Hause“, Verlag Herder, 2020.

Jochen Mai, „Schreibblockade: 13 Tipps gegen Schreibhemmungen“, karrierebibel.de, 2008.

https://de.wikipedia.org/wiki/Perfektionismus_(Psychologie).

Bernd Weidenbach, „Buchtitelproduktion in Deutschland bis 2018“, statistika.de, 2018.

Als Geschenk zum Download

Als Dankeschön kannst Du Dir hier das Mini-Buch „Wie man neue Leser*innen gewinnt“ für 0,- Euro runter laden. Du erfährst, wie Du Amazon und andere Onlinehändler für Deine Buchverkäufe noch besser nutzt.

Hier geht's zum Download:

https://www.anjaniekerken.de/kostenloses-buch-wie-man-neue-leserinnen-gewinnt/

SACHBUCH SCHREIBEN: WORKBOOK

Das Arbeitsbuch zum Ratgeber „Von der Idee zum Sachbuch – Wie Du ein Buch schreibst, das Leser*innen lieben werden“

Machen ist wie wollen, nur krasser ... Das stimmt. Aber vom Wollen zum Tun bzw. zum Schreiben ist es oft ein weiter Weg. Viele fangen ambitioniert an Ratgeber zu lesen. Danach haben sie oft nicht das Gefühl anfangen zu können, sondern glauben, noch mehr lesen zu müssen. Das ist ein Irrblaube. Es ist viel wichtiger mit dem Schreiben zu beginnen.

Dieses Arbeitsbuch ist für diejenigen gemacht, die sich nicht noch mehr mit der Theorie aufhalten wollen. Es ist für diejenigen gemacht, die mit ihrem ersten Sachbuch loslegen wollen.

Achtung: Dieses Buch ist KEIN Ratgeber! Es ist ein Arbeitsbuch, welches zum Schreiben und Loslegen animieren soll.

MARKETING FÜR AUTOR*INNEN

Es gibt wahnsinnig viele gute Bücher auf dem Markt. Nur leider liest sie niemand, weil sie einfach nicht ins richtige Licht gerückt werden. Denn leider denken immer noch zu viele Autor*innen, dass sie ihre Zeit lieber mit dem Schreiben verbringen oder dass der Verlag es schon richten wird ... Das Ergebnis: Niemand oder kaum jemand liest ihre Bücher.

Dabei ist es gar nicht so schwer und, wenn das Marketing erst einmal steht, auch nicht zeitaufwendig, gutes Marketing als Autor*in zu betreiben und so erfolgreich die eigenen Bücher zu verkaufen.

Dieses Buch zeigt Marketing-Einsteiger*innen, welche Möglichkeiten es gibt und was ganz konkret zu tun ist. Praktische Checklisten zum Download helfen zusätzlich zu den Übungen und Tipps.

MARKETING FÜR AUTOR*INNEN: WORKBOOK

Das Arbeitsbuch zum Ratgeber „Marketing für Autor*innen".

70.000 Bücher erscheinen pro Jahr auf dem deutschen Buchmarkt. Wie soll Dein Buch da gefunden werden? Kein Wunder, dass so viele gefeierte Neuentdeckungen regelmäßig wieder in der Versenkung verschwinden. Die, die bleichen, haben eines gemeinsam: Qualität und Marketing.

Dieses Arbeitsbuch ist für diejenigen gemacht, die nicht in der Versenkung verschwinden wollen. Es ist für diejenigen gemacht, die ihrem Glück auf die Sprünge helfen wollen.

Achtung: Dieses Buch ist KEIN Ratgeber! Es ist ein Arbeitsbuch, welches zum Loslegen anregt und mit dem Du ganz konkret die ersten Schritte für Dein Marketing erarbeitest.

MINDSET FÜR AUTOR*INNEN

Du träumst davon ein Sachbuch, einen Thriller oder einen Roman zu schreiben? Vielleicht eine Fantasy-Saga? Oder Du willst als Autor*in Deinen Expert*innenstatus nach außen tragen? Kurz: Du willst ein richtig gutes Buch schreiben, hast aber noch Bremsen im Kopf.

Dieser Ratgeber für Autorinnen und Autoren und alle, die es werden wollen ist von einer professionellen Autorin geschrieben, die schon vielen Autor*innen geholfen hat, erfolgreich Bücher zu schreiben und, sowohl im Selfpublishing als auch im Verlag, zu veröffentlichen. Du bekommst praxiserprobte Tipps und bewährte Strategien aus der Persönlichkeitsentwicklung an die Hand, mit denen Du Schreibblockaden, Selbstzweifel und „Das schaffe ich nie"-Gedanken einfach links liegen lässt. Praktische Übungen und klare Anleitungen helfen Dir Selbstzweifel, Perfektionismus, Vergleichszwang, Überforderung und Blackouts zu überwinden.

FSC
www.fsc.org
MIX
Papier aus verantwortungsvollen Quellen
Paper from responsible sources
FSC® C105338

Texte: Anja. Niekerken

Layout, Satz und Produktion:
Anja Niekerken

Der Inhalt dieses Buches wurde mit größtmöglicher Sorgfalt erstellt. Herausgeber und Autorin können nicht für Schäden haftbar gemacht werden, die durch die Anwendung entstehen. Sie übernehmen keine Gewähr für die Vollständigkeit und Richtigkeit der recherchierten und publizierten Informationen. Trotz sorgfältiger inhaltlicher Kontrolle wird keine Haftung für die Inhalte zitierter Links übernommen. Für den Inhalt der zitierten Seiten sind ausschließlich deren Betreiber verantwortlich. Vorsorglich wird darauf hingewiesen, dass verwendete Bezeichnungen, Titel und Logos, die einem marken- oder urheberrechtlichen Schutz unterliegen, hier nur zu informatorischen Zwecken genannt werden. Titelbild: Anja Niekerken. Fotograf: Lars Niekerken. Im Buch wird aus Gründen der besseren Lesbarkeit die männliche Form gewählt, gemeint ist immer auch die weibliche!

Herausgeberin: Anja Niekerken, Am Soodhof 1c, 21629 Neu Wulmstorf
fragen@anjaniekerken.de • www.anjaniekerken.de

Herstellung und Verlag: BoD – Books on Demand, Norderstedt
ISBN: 9783756838790